DER DÄNISCHE BESTSELLER

NOK OM MIG

Was läuft hier eigentlich schief – mit den Ego-Trips, den ewig Beleidigten, den Lautesten im Raum?

Vincent F. Hendricks, Professor für Formale Philosophie und Experte für Spieltheorie und Verhaltensökonomie, nimmt uns mit auf eine Reise durch die Mechanismen, die unser Miteinander heute oft aus dem Gleichgewicht bringen.

Drei Felder stehen dabei im Fokus:

- **Spieltheorie** zeigt, wie strategisches Denken oft zum Nachteil aller wird.
- **Verhaltensökonomie** erklärt, warum unser Streben nach Freiheit manchmal in Egoismus umschlägt.
- **Moralphilosophie** deckt auf, wie persönliche Kränkungen schnell zu moralischen Urteilen werden, die das Zusammenleben erschweren.

So zeigt Hendricks, wie wir aus dem Ego-Karussell aussteigen und wieder echtes Miteinander schaffen können.

VINCENT F.
HENDRICKS

Feiglinge und Gauner

Unsichtbare Feinde – wie Mitläufertum und Egoismus unser Denken vergiften

GOLDEGG

Rechte Umschlaggestaltung: zero-media.net, München
Motiv Umschlag: FinePic®
Rechte Autorenfoto: Ulrik Jantzen
Übersetzung: Ines Grothmann
Buchsatz: Minitta Kandlbauer

Der Verlag und seine Autor*innen sind für Reaktionen, Hinweise oder Meinungen dankbar. Bitte wenden Sie sich diesbezüglich an verlag@goldegg-verlage.com.

Die Goldegg Verlage achten bei ihren Büchern und Magazinen auf nachhaltiges Produzieren. Goldegg-Bücher sind umweltfreundlich produziert und orientieren sich in Materialien, Herstellungsorten, Arbeitsbedingungen und Produktionsformen an den Bedürfnissen von Gesellschaft und Umwelt.

ISBN: 978-3-99060-516-5

Unter den Linden 21 • D-10117 Berlin
Telefon: +49 800 505 43 76-0

Mommsengasse 4/2 • A-1040 Wien
Telefon: +43 1 505 43 76-0

E-Mail: office@goldegg-verlage.com
www.goldegg-verlage.com

Herstellung: Goldegg Verlag GmbH, Wien
Printed in the EU

o

Für meine Seelenverwandte,
Lise Nørgaard
(1917–2023)

o

Inhalts verzeichnis

Vorwort 9

01 Das Leben als Wettbewerb 16
02 Das *What-about-me*-Spiel 29
03 Ich im Netz 49
04 *What-about-me* in der Moralphilosophie 62
05 Vorahnungen 77
06 Stunde der Abrechnung 91
07 Feigling oder Gauner 103
08 Hund, Hamster und Hirschjagd 117
09 Es geht um uns! 133

Danksagung 151
Endnoten 155

Vorwort

Reden wir nicht von mir. – Was ist mit dir? – Was hältst du von mir? ist mittlerweile zu einer Lebenseinstellung geworden, die auf eine krankhafte Ich-Bezogenheit verweist. Man betrachtet die Welt als einen großen Spiegel, in dem man sich ständig besonders aufmerksam mit dem eigenen Spiegelbild beschäftigt. Gleichzeitig erwartet man von allen anderen, dass sie sich entweder bewundernd und ehrfürchtig oder aufrichtig interessiert mit diesem Spiegelbild beschäftigen. Und dabei sollen die anderen auch noch die eigenen Erwartungen erfüllen. Ich habe für diese Lebensphilosophie den Begriff »*What-about-me-ism*« geprägt, der sich grob als »*Was-ist-mit-mir-ismus*« übersetzen lässt. Da der englische Begriff aber wesentlich prägnanter ist, bleiben wir bei diesem.

Alles, was du hast, blieb mir verwehrt – warum steht mir nicht dasselbe zu? Nach *What-about-me*-Manier wird das Leben zu einem Spiel, bei dem alles entweder null oder zumindest fast null ergibt. Es verwandelt sich in ein *Nullsummenspiel.* Es wird zu einem Wettbewerb, bei dem es darum geht, das Gewünschte zu erhalten. Schafft man es nicht, wird der Verlust des einen als der Gewinn des anderen angesehen: Was ich bekomme, habe ich dem anderen genommen – und insgesamt kommt null heraus. Wer eine *What-about-me*-Haltung einnimmt, sieht sich in moralischer Hinsicht im Unrecht. Denn nach meiner Logik müsste ich dasselbe erreichen können wie du, wenn ich dasselbe getan hätte. Daher liegt es nun an dir (und mit *dir* können Lebenspartner oder -partnerin, Freund oder Freundin, die Umstände oder die Welt gemeint sein), mir dieselben Möglichkeiten, Bedingungen, Freiheiten oder Belohnungen zu verschaffen, die du selbst genießt. Damit entledige ich mich jeder Verantwortung, denn aus meiner Sicht habe ich alles in meiner Macht Stehende getan. Außerdem weiß ich genau, was für uns alle am besten ist: Nun liegt es an dir oder dem Universum, meine Erwartungen in Bezug auf das, was mir nach meiner Auffassung zusteht, zu erfüllen.

What-about-me-ism muss hier also als Lebenseinstellung und moralischer Standpunkt verstanden werden, der im Wesentlichen ein existenzieller Standpunkt ist. Von ihm aus werden

- die *Überlegungen*, *Entscheidungen* und *Handlungen*
- des Menschen als ein *What-about-me*-Spiel konstruiert, das größtenteils oder ausschließlich auf den persönlichen *Erwartungen* an andere Menschen beruht
- und bei dem der Akteur *keine moralische Verantwortung* trägt.
- Dies impliziert letztendlich eine gerechtfertigte *Selbstbehauptung*. Wenn andere ein Geschenk, eine Möglichkeit oder eine Belohnung materieller, sozialer oder sonstiger Art erhalten, dann steht dies auch einem selbst zu.

Mir geht es darum, in diesem Buch *What-about-me-ism* als Lebenshaltung zu verdeutlichen und zu erklären, wie sie als *What-about-me*-Spiel praktiziert wird. Dafür habe ich die Spieltheorie, die Moralphilosophie und die Verhaltensökonomik konsultiert. Die Analysen werden aufzeigen, dass *What-about-me-ism* der Inbegriff einer pervertierten Form von Egoismus ist.

Vor etwa 40 Jahren bekam ich zum 12. Geburtstag von meinem Vater und meiner Großmutter ein ferngesteuertes Auto geschenkt. Dieses Spielzeug erinnerte an einen Cannonball Run Lamborghini Countach und ich vergötterte es. Bei meiner Geburtstagsfeier wenige Tage später wollten ein paar meiner Freunde das Auto natürlich gleich Probe fahren. Die Zeit war knapp, weil noch der Kuchen angeschnitten und Milkshakes serviert werden mussten. Deshalb musste ich zugucken, während meine Freunde den Flitzer auf dem Asphalt umherkurven ließen. Als mir klar wurde, dass ich nicht mehr drankommen würde, ging ich ziemlich geknickt – mit einem drückenden Gefühl des Ausgeschlossenwerdens – zu meinem Vater und zupfte ihn am Hemdsärmel:

»Aber, Daddy, was ist mit mir, warum darf ich nicht auch mit meinem neuen Auto spielen?«

Mein Vater schaute mich unbeeindruckt an:

»Ja, was ist mit dir? Es geht hier nicht um dich! Es geht um sie! Du kannst später immer noch mit dem Auto spielen. Und selbst wenn nicht, solltest du dich freuen, dass deine Freunde mit deinem ferngesteuerten Auto so viel Spaß haben. Und wenn wir schon dabei sind – tue dir selbst einen Gefallen: Freue dich an ihrer Freude und denke nicht einmal, dass du irgendwie zu kurz kommst, nur weil sie mit deinem Auto spielen!«

Als Kind brauchte ich recht lange, um diese Lektion zu verdauen. Aber irgendwann hat es bei mir klick gemacht. Seitdem ist bei uns in der Familie die Frage »Und was ist mit mir?« zu einem Running Gag geworden, auf den ganz automatisch und mit einem breiten Lächeln die Antwort folgt: »Ja, was ist mit dir? Es geht hier nicht um dich!« – und dabei denken wir an unseren Vater.

Bis heute versuche ich, mit zugegeben mehr oder weniger großem Erfolg, die Worte meines Vaters zu beherzigen. Sie scheinen nichts an Aktualität verloren zu haben. Die Gestaltung des Lebens als *What-about-me*-Spiel, in dem alles mehr oder weniger ein Wettbewerb ist, ist allgegenwärtig im echten analogen wie auch digitalen Leben, die mehr und mehr verschmelzen. *What-about-me-ism* kommt in festen und losen Paarbeziehungen, zwischen Kollegen und Geschäftspartnern wie auch nahen und fernen Verwandten vor und bildet eine dicke Pechschicht zwischen Nutzern von sozialen Plattformen. Würde uns *What-about-me*-Denken und -Handeln lebensfähiger, selbstständiger und reifer machen, dann könnte man es vielleicht verteidigen. Aber das ist nicht der Fall – ganz im Gegenteil. Aus diesem Grund gilt es, *What-about-me-ism* zu demontieren, zu vermeiden und durch etwas Besseres zu ersetzen. Etwas, das uns tatsächlich lebensfähiger, selbstständiger und reifer macht. Was das ist, werden wir herausfinden, aber dafür müssen wir zunächst die Struktur und die Dynamik von *What-about-me-ism* verstanden haben.

Bis heute erinnere ich mich an den Stich ins Herz, den mir die Zurechtweisung meines Vaters wegen des ferngesteuerten Autos versetzt hat. Dabei ging es sowohl um verwundetes Ego als auch um zerstörte Erwartungen. Nichts hatte sich erfüllt: weder mein in meinen Augen berechtigter Wunsch noch die Anerkennung der anderen, dass mir dieser zustand. Und bei all meinen persönlichen Vermutungen, nicht erfüllten Erwartungen und selbstrechtfertigenden Vorstellungen wollte sich bei mir kein Schamgefühl einstellen, Scham über meine eigene unmittelbare Reaktion, meinen Hang, zuerst an mich zu denken, und Scham über meine Haltung zu dieser ganzen Angelegenheit. Ich fühlte mich ungerechterweise übergangen und gleichzeitig schlecht.

So verführerisch eine *What-about-me*-Einstellung wirken mag, hat ein Leben, das auf dem Nullsummenspiel beruht und mit Erwartungen an andere verknüpft ist, gleichzeitig etwas Überhebliches, Pathetisches und Vorhersehbares an sich. Eine Weltanschauung und eine moralische Sicht, die einen konsequent von moralischer Verantwortung befreit – weil man es scheinbar besser weiß als alle anderen –, sind überheblich. Der Welt und ihren Bewohnern die Schuld an den eigenen unerfüllten Erwartungen zu geben, weil sie entweder nicht willens sind oder einfach nicht verstanden haben, dass es offenbar ihre Verantwortung ist, sie zu erfüllen – das ist erbärmlich. Und wenn das eigene Denken immer vom *What-about-me-ism* geprägt ist, dann wird man als Mensch äußerst vorhersehbar.

Man stelle sich vor, alle würden beschließen, das ganze Leben nach *What-about-me*-Manier zu leben. Das wäre ein überwältigendes Szenario sowohl für die persönliche Autonomie als auch für die kollektive Demokratie. Autonomie und Integrität dürfen nicht mit pervertiertem Egoismus verwechselt werden, genauso wie Demokratie nicht mit dem zu verwechseln ist, was die Gesellschaft für uns leisten kann, wann immer wir nach neuer Sitte die Frage stellen: *»Reden wir nicht von mir. – Was ist mit dir? – Was hältst du von mir?«*

Selbst wenn ich mich damit natürlich gar nicht identifizieren möchte, zeige auch ich von Zeit zu Zeit dieses scheußliche Verhalten. In solchen Situationen setzte ich mich dann bildlich gesprochen in den Fahrersitz des ferngesteuerten Autos und rechtfertige das damit, dass ich ja, nachdem die anderen schon dran waren und beschenkt wurden, auch ein Anrecht darauf habe. Jedenfalls habe ich mich selbst dabei erwischt, im Stillen etwas in dieser Richtung gemurmelt zu haben. *What-about-me-ism* kann sich ganz unbemerkt einschleichen, wenn ich mich vernachlässigt, ignoriert, nicht geschätzt oder zu etwas berechtigt fühle. Warum sollte ich, wenn die anderen eine Gehaltserhöhung erhalten haben, nicht auch eine bekommen? Warum kann ich als Influencer nicht genauso erfolgreich sein wie beispielsweise mein Nachbar oder meine Nachbarin? Warum verbringt mein guter Freund Zeit mit einem anderen Bekannten statt mit mir? Oder warum geht meine Freundin an ihrem freien Abend zusammen mit ihren Freundinnen ins Kino … *Was ist mit mir?*

Das können die meisten von uns wahrscheinlich noch gut nachvollziehen und erkennen sich darin wieder, wenn auch oft widerwillig. Aber ich möchte dieser Erbärmlichkeit etwas entgegensetzen, denn sie macht mich überheblich, vorhersehbar und verächtlich, sowohl in meinen Augen als auch in den Augen anderer. Ohne sich mit ihr auseinanderzusetzen und sie anzufechten, kann diese *What-about-me*-Einstellung eine Kettenreaktion zwischen uns sozialen Wesen auslösen, die uns weniger vertrauensvoll und weniger koordinations- und kooperationsbereit macht. Man vertraut dem Urteilsvermögen anderer nicht, besitzt weder Vertrauen noch den Wunsch zusammenzuarbeiten, um das Beste für alle zu erreichen – einen selbst eingeschlossen. Letztlich bedeutet das Fehlen von Vertrauen, Abstimmung und Zusammenarbeit, dass wir die individuelle Autonomie und die kollektive Demokratie vergessen können und stattdessen jeder für sich allein sein schnödes Dasein fristet.

Um den Kampf aufzunehmen und sowohl die persönliche Schlacht als auch den kollektiven Krieg gegen diese armselige Lebenseinstellung und die damit verbundene irrige Moralauffassung zu gewinnen, bedarf es zunächst einer Bestimmung des »*What-about-me-ism*«, sei es in Form einer Definition, Struktur oder Dynamik oder in Form von charakteristischen Merkmalen, philosophischen Grundlagen oder moralischen Grundsätzen. Es geht nicht um Coaching, Pseudopsychologie, Selbsthilfe oder einen weiteren Ismus, in dem sich die Philosophie in Forschung und Lehre wälzen kann. Als Mensch ist man verpflichtet, ein autonomes Individuum zu sein, ein eigenständiger, informierter Entscheidungsträger, ein Mensch, der sowohl existenziell als auch reell sich selbst versorgen kann, ein mündiger Bürger mit Integrität in Bezug auf die großen und kleinen Dinge des Lebens. Es mag ernst klingen, und das ist es auch, aber ich setze auf Humor, Witz und Biss, womit man sich aus Ärger, Zurückweisung, Langeweile, Arroganz, Erbärmlichkeit, Vorhersehbarkeit und Jammerei genauso gut befreien kann. Alles in allem, um sich aus der *Schäbigkeit* zu befreien, wie es meine Freundin Lise Nørgaard nannte. Ihr habe ich dieses Buch gewidmet.

Vincent F. Hendricks
Kopenhagen, den 1. 5. 2025

-01-

Das Leben als Wettbewerb

What-about-me-ism steckt nicht nur im Kopf eines Zwölfjährigen, der am Kindergeburtstag nicht mit seinem neuen ferngesteuerten Auto spielen darf. Diese Lebenseinstellung tritt im Großen wie im Kleinen in verschiedensten Situationen zutage: unter Freunden und Verwandten, Ehepaaren, am Arbeitsplatz oder während man in seiner Freizeit mit Aktien handelt. Es folgen einige Beispiele aus dem praktischen Leben, um der Theorie eine Bühne zu bieten und das Scheinwerferlicht der Analyse besser fokussieren zu können.

1.1 Freunde

What-about-me-ism kann schleichend einsetzen, unmerklich und unfreiwillig, ohne dass man es wirklich will. Zum Beispiel am Ende eines vergnüglichen Restaurantbesuchs mit guten Freunden. Wenn ein für seine Pfennigfuchserei bekannter Freund aus der Runde anfängt, die Rechnung minutiös dem Verzehr eines jeden Einzelnen entsprechend zu zerlegen. Vermutlich will er, dass alles gerecht aufgeteilt wird und keiner zu viel oder zu wenig zahlt. Diese Aufrechnerei allein ist schon nervig, aber getoppt wird das Ganze, als unser Freund zum Schluss teils im Spaß und teils im vollen Ernst verkündet, dass wir anderen jetzt das Trinkgeld übernehmen könnten, denn er hätte schließlich für alle alles ausgerechnet.

An dieser Stelle sei erwähnt, dass ich überhaupt kein Problem damit habe, wenn jemand aus meinem Freundeskreis nicht das nötige Kleingeld für einen Restaurantbesuch hat. Wir anderen legen gerne und auch großzügig zusammen. Aber ich habe ein echtes Problem damit, wenn jemand nicht nur pedantisch und knauserig ist, sondern uns auch noch weismachen will, dass diese selbstinitiierte Erbsenzählerei uns allen einen so großen Nutzen bringt, dass die betreffende Person von der Trinkgeldzahlung befreit ist. Unwillkürlich drängt sich mir ein Gedanke auf: Im Grunde hätte auch ich mich für die Rolle des Pedanten entscheiden und diese mathematische Gleichung vorzeigen können. Und voilà! Schon kommt ein Gefühl von *What-about-me* angeschlichen. Ich bin mir sicher, dass die übrige Runde am Tisch genau dasselbe denkt. Unser gemeinsamer Freund hat den *What-about-me-ism* in mir angestachelt. Ich hasse mich selbst dafür, in diese Falle getappt zu sein und genau das zu werden, was ich nicht sein möchte – ein übereifriger Freund.

Ein ähnliches Muster lässt sich bei aufmerksamkeitsfordernden – und möglicherweise scheinkranken – Freunden ausmachen. Man kann auf der Grundlage von Gegenseitigkeit und Achtung eng befreundet sein. Nehmen wir an, wir zwei sind Freunde: Wenn ich dich aber nicht regelmäßig anrufe (auch wenn du deinerseits mich selten anrufst), dann nimmst du es als Zeichen dafür, dass mein Interesse an dir begrenzt ist und dass ich deshalb weniger Achtung habe vor dir! Angesichts des impliziten Vertrags über Zuwendung, Gegenseitigkeit und Achtung, über unsere Freundschaft, hast du nun das Recht, *What-about-me* zu fragen, wenn du den Eindruck hast, dass ich meinen Teil des Vertrages nicht erfülle.

Nun, es könnte ja sein, dass mein aufmerksamkeitsfordernder Freund und ich uns auf die grundlegenden theoretischen Prinzipien einer Freundschaft geeinigt haben. Gleichzeitig können wir in Bezug auf die praktische Umsetzung durchaus ganz unterschiedlicher Ansicht sein. Wie oft man sich anruft, zu den Feiern des anderen oder zusammen essen geht, wie häufig man sich zum Kaffee verabredet und so weiter. Aber immer, wenn die wachsamen Freunde ihre eigene Norm als Maßstab für die Aufrichtigkeit der Freundschaft anlegen, kann es schnell schiefgehen. Man kann sich in einem Strudel von aufgesetzten Konventionen und *Schwarzer-Peter*-Spielen verfangen, was man ehrlicherweise weder in der Theorie noch in der Praxis unterschreiben wollte.

1.2 Familie

Familien werden oft als Konstellationen von Menschen verstanden, die einander lieben und die es in allen möglichen Schattierungen gibt: von der traditionellen Kernfamilie aus zwei Erwachsenen unterschiedlichen Geschlechts mit einem Kind, zwei und mehr Kindern bis hin zu Familien mit gleichgeschlechtlichen Eltern und Regenbogenkonstellationen mit Eltern des gleichen oder unterschiedlichen Geschlechts mit zwölf Kindern und zwei Hunden. Familien mit einem Elternteil und *x* Kindern, Vier-Personen-Familien ohne Kinder, polyamouröse Familien mit mehreren Kindern und einer Bartagame im Terrarium, Stieffamilien, Pflegefamilien, erweiterte Familien, Großelternfamilien und alle möglichen Kombinationen aus den oben Genannten.

Unabhängig von der Familienstruktur wird die Familiendynamik durch diverse Verpflichtungen, Rechte, Pflichten ... bis hin zu jenen *Erwartungen* geprägt, die Familienangehörige sich selbst oder anderen Mitgliedern des Haushalts gegenüber haben. Um ein prototypisches Beispiel für *What-about-me-ism* im Familiengefüge zu zeigen, richte ich hier die Aufmerksamkeit auf eine neue Stieffamilienkonstellation mit zwei Elternteilen unterschiedlichen Geschlechts und Kindern aus früheren Beziehungen, erweitert um einen gemeinsamen Nachwuchs als Ergebnis der aktuellen Familiensituation.

Partner, die sich auf einen zweiten Versuch mit Stieffamilien einlassen, kommen mit allerhand Gepäck aus vergangenen Erfahrungen: *bewährten Praktiken*, positiven und negativen Erinnerungen, Vernachlässigung oder Überfürsorglichkeit, herzliche oder schwierige Beziehungen zu Mitgliedern der Herkunftsfamilie, Beziehungen zum oder zur Ex etc. Ein Komplex mit vielen beweglichen Teilen und das Ganze mal zwei, einmal für jeden der neuen Partner, der sich entschlossen hat, es in neuem Setting noch einmal zu versuchen.

Nun verhält es sich so, dass der eine Partner Erfahrungen aus seiner Kernfamilie mitbringt, einschließlich starrer Prinzipien für die rechtmäßige Familiendynamik, die auf die eigenen Erfahrungen dieses Partners in der Kindheit zurückgeführt werden können. Der andere Partner kommt aus einer Patchwork-Konstellation, in der Eltern und ehemalige Partner in einem offenen und bisweilen recht verwirrenden Haushalt ein- und ausgehen, der statt von unveränderlicher Familienideologie von wirkungsfreundlicher Pragmatik gelenkt wird. Schon bald drängt sich die unvermeidliche Frage auf: Wie sollen die Patchworkkinder erzogen werden zwischen strengen Prinzipien und lockerer, aber wirkungsvoller Taktik, und wie kann man gleichzeitig den Wünschen, Anforderungen und Verpflichtungen gegenüber den Ex-Partnern und der damit einhergehenden gigantischen Familienentourage gerecht werden?

Wenn man sich nun vorstellt, dass einer der Partner in der neuen Stieffamilie Verfechter des Kernfamilienmodells ist und es für das einzig erstrebenswerte hält, dann stellen alle Mitglieder der Stieffamilie wie auch der erweiterten Familie in diesem Rechenmodell gleiche Posten dar. Kinder zählen ideell gesehen gleich, unabhängig davon, woher sie ursprünglich kommen, genau wie Vollgeschwister. Gleiches gilt für etwaige gemeinsame Nachkommen etc.

Nehmen wir folgende Situation an: Der eine Partner beschließt, mit dem einen, aus einer früheren Beziehung stammenden Kind ins Kino zu gehen, um mit ihm gemeinsame Zeit zu verbringen. Dieses Kind lebt größtenteils beim anderen Elternteil, das heißt der leiblichen Mutter oder dem leiblichen Vater. Die damit zugebrachte Zeit muss logischerweise zu einem späteren Zeitpunkt zusammen mit dem aktuellen Partner und/oder dessen Kindern wieder eingelöst werden, damit die für alle geltende universelle Rechnung aufgeht. Anscheinend werden alle gleich, gerecht und transparent behandelt. Mit dem einen Kind verbrachte Zeit führt zu einem Defizit gegenüber dem Rest der Familie, welches später ausgeglichen werden muss. Das ist eine Rechnung, die an ein Nullsummenspiel und einen Wettbewerb darüber erinnert, wie man Zeit »gerecht« verteilt. In einer Patchworkfamilie erwartet ein Elternteil, Sascha, dass der andere Elternteil, Leo, genauso viel Zeit für Saschas Sohn aufbringt wie für seine*ihre eigene Tochter. Die Zeit, die jetzt für eine Sache aufgewendet wird, muss bei einer anderen aufgewogen werden, damit die Rechnung aufgehen kann.

Es überrascht nicht, dass der Elternteil, der sich entscheidet, Zeit mit seinem Kind aus einer früheren Beziehung zu verbringen, sich schnell in einer scheinbar hoffnungslosen Situation wiederfindet: Man wird verflucht, wenn man keine Zeit mit seinem Kind verbringt, und ebenso, wenn man es tut. Es kann durchaus sein, dass sich beide Eltern der neu gegründeten Stieffamilie über die Grundsätze von Freiheit, Gleichheit, Brüder- und Schwesterlichkeit in Bezug auf die Familienmitglieder einig sind, sich gleichzeitig aber uneins sind, wie sich diese Grundsätze am besten umsetzen lassen. Es ist durchaus nicht notwendig, ein am Nullsummenspiel orientiertes Familienmodell mit nur *einer* universellen Rechnung zu erstellen, die alle Posten unabhängig von deren Art, Kontext und Situation im Auge behält. Es gibt möglicherweise andere Modelle, die feinere Nuancen, Bedingungen und eine wirksame Pragmatik berücksichtigen.

In diesem Zusammenhang sei darauf hingewiesen, dass jeder »Regelverstoß« in der Rechnung der Partnerin oder dem Partner das Recht gibt, die Frage zu stellen: »Was ist mit mir und meinen Interessen?«, wenn das Modell auf dem Nullsummenspiel basiert. Die gleiche Frage kann von einem der beiden Großelternteile gestellt werden, wenn man den Eindruck hat, dass der andere zu viel Zeit mit den Enkeln verbringt. Und es gibt noch zahlreiche andere Felder, in denen um Aufmerksamkeit konkurriert wird zwischen Geschwistern, Cousins und Cousinen, Onkeln, Tanten und so weiter.

1.3 Beförderung

Beförderungen sind anstrengend. Im Prinzip möchte man ja gerne jeden für alles großzügig befördern, sofern es angemessen ist. Manchmal ist man aber gezwungen, zwischen diesem oder jenem auszuwählen, was dann für die beiden Auswahlkandidaten zum Nullsummenspiel wird. Was einer gewinnt, verliert der andere – nämlich die Beförderung.

Ich selbst war in eine Situation verwickelt, in der für zwei aussichtsreiche Kandidaten eine Beförderung anstand. Beide dachten, es gäbe nur *eine* Beförderung, um die es zu kämpfen galt. Dadurch begannen die beiden Kandidaten um meine Gunst zu wetteifern, und wie so oft endete dies mit einer vergifteten Wettbewerbsatmosphäre – einem Nullsummenspiel-Szenario. Nun fand ich nach kurzer Zeit heraus, dass ich durch etwas Jonglieren und Taktieren die Mittel für beide Kandidaten freimachen konnte. Doch ehe ich das den beiden bekanntgab, rief ich sie in mein Büro, um sie darüber aufzuklären, dass wir hier in unserem Hause intern zusammenarbeiten und nur nach außen konkurrieren. Erfolge erfüllen uns gegenseitig mit Freude und Stolz. Eifersucht und *What-about-me*-Denken gibt es nicht. Anschließend teilte ich ihnen mit, dass ich entweder einen Weg finden wolle, um beide zu honorieren, oder ich müsse mich von ihnen beiden verabschieden. Von diesem Moment an hielten die beiden zusammen wie Pech und Schwefel und schon bald konnte ich beide befördern. Bis heute sind sie aufs Engste verbunden. Es geht um internen Wettbewerb versus Zusammenarbeit am Arbeitsplatz: Wenn zwei Arbeitnehmer intern miteinander konkurrieren, kann dies dem Arbeitgeber schaden, aber wenn sie zusammenarbeiten, kann dies sowohl für sie selbst als auch für den Arbeitgeber von Vorteil sein.

Ich habe aber auch schon erlebt, dass jemand um eine Beförderung bat, weil er sich offensichtlich dazu berechtigt fühlte – anders konnte ich das jedenfalls nicht interpretieren. Das wiederum lief nicht so gut. In meiner Abteilung war eine Stelle ausgeschrieben, für die es recht viele Bewerber gab. Nach sorgfältiger Auswahl durch Bewerbungsgespräche standen schließlich zwei Kandidaten im Raum, die beide ihre Stärken hatten, aber sehr unterschiedliche Qualifikationen aufwiesen. Für ein laufendes, zeitnah abzulieferndes Projekt konnten sie beide von Nutzen sein. Es gelang mir erneut, weitere Mittel aus dem Hut zu zaubern, und ich stellte beide wegen ihrer jeweiligen Qualifikationen für dasselbe Projekt ein, jedoch für sehr unterschiedliche Tätigkeiten.

Kurze Zeit später erschien dann aber eine dritte Person, die sich für die ursprüngliche Stelle hätte bewerben können, es aber nicht getan hatte. Diese Person war nun gleichermaßen wütend wie frustriert, dass ich sie nicht eingestellt hatte, zumal nicht ein, sondern gleich zwei Stellen besetzt worden waren. Zweifellos wäre diese Person qualifiziert gewesen, wenn sie sich um die Stelle beworben hätte: Diese Person hatte sich hingegen recht einseitig und mit großem Ehrgeiz auf etwas völlig anderes ausgerichtet und wenig Interesse an dem Projekt gezeigt, für das die betreffende Stelle ausgeschrieben worden war. Nun aber, da zwei Stellen besetzt worden waren, empfand es diese dritte Person als angemessen, ebenfalls für eine Beförderung in Frage zu kommen, denn … *Was ist mit mir?* Die betreffende Person schien dies folgendermaßen zu begründen: Wenn andere die Möglichkeit erhalten hatten, müsste mir dies ebenfalls zustehen (obwohl ich bequem die Tatsache ignoriere, dass ich ursprünglich gar nicht an der Stelle interessiert war). Als Vorgesetzter war es nun an mir, der betreffenden Person zu erklären, dass es nicht klug ist, Äpfel mit Birnen zu vergleichen, wenn man nur die Positionen auf einer Rechnung zusammenzählt. Fragt man in einer solchen Situation *Was ist mit mir?*, kann es eigentlich nur eine Antwort geben, und die Wahrscheinlichkeit ist groß, dass einem die Antwort nicht gefällt: »Ja, was ist mit *dir*? Es geht hier nicht um *dich*!«

1.4 Aktienhandel

Hobbymäßig mit Aktien zu handeln, ist heutzutage ebenso einfach wie beliebt. Früher spielte man Lotto. Aktienhandel im Nebenerwerb klingt interessant, dem haftet ein gewisses Prestige an, und es macht sich gut als Gesprächsstoff unter Leuten mit dem nötigen Kleingeld, beispielsweise bei Dinner- und Cocktailpartys. Auch wenn sowohl der Kauf von Lottoscheinen als auch der Handel mit Aktien ein Glücksspielelement enthalten, scheint der Aktienhandel trotzdem stärker auf Wissen und Geschick zu basieren als der bloße Gang zum Kiosk, um einen Lottoschein zu erstehen.

Bei einem Dinner hörte ich mit an, wie sich zwei Gäste über ihre Freizeit-Aktienportfolios unterhielten. Dem einen der beiden war es gerade gelungen, eine Aktie zu »shorten«, und er brüstete sich mit seinem Geniestreich: Er hatte eine satte Dividende einstreichen können, weil er sich die Aktie zunächst von einem Börsenhändler geliehen und sie dann sofort verkauft hatte, in der Erwartung, dass der Aktienkurs bald fallen würde. Und das passierte dann tatsächlich! So konnte er die Aktien zu einem reduzierten Preis zurückkaufen, an den Händler zurückgeben und die Differenz als reinen Gewinn behalten. Schlauer Trick, für den man Köpfchen braucht.

Der andere Gesprächspartner war weniger begeistert, denn er hatte genau dasselbe probiert, während das Ergebnis nicht ganz so glücklich ausfiel. Unser Hobbyaktienhändler hatte auf einen Kursrückgang spekuliert, der aber nicht eintraf, wonach keine positive Dividende zu erzielen war, sondern nur Schulden. Und jetzt saß diese Person auf der Dinnerparty und beklagte sich, vom Markt an der Nase herumgeführt worden zu sein. Man sei schließlich genauso gut und schnell wie das Gegenüber, das bei mehr oder weniger demselben Vorhaben erfolgreich war. Der Glücklose stellte es nun so hin, als ob es nicht nur die Schuld des Marktes sei, sondern auch dessen Verantwortung, dass die Sache schiefgelaufen war. Wenn andere es können und ich (nach meinen eigenen Maßstäben) ebenso kompetent bin wie die anderen, vielleicht sogar besser als sie, warum werde ich dann nicht entsprechend belohnt? Natürlich kann nicht mein Gesprächspartner schuld daran sein, und meine Schuld ist es bekanntlich auch nicht, also bleibt als Sündenbock nur noch der Markt übrig. Das ist etwa genauso, als würde der eine eine Sechs würfeln und der andere eine Eins, woraufhin derjenige mit der Eins den Würfel für das ungerechte Ergebnis verantwortlich machte. Jemand oder etwas muss die Schuld tragen, und es ist nicht derjenige, der *Was ist mit mir?* schreit, egal, ob das »ungerechte« Ergebnis zufällig oder absichtlich zustande kam. Der wird es in jedem Fall als moralisch unfair betrachten, dass er für seine Bemühungen keine entsprechende Belohnung erhält. Daher sei es durchaus angemessen, zum wiederholten Male zu fragen: *Was ist mit mir?*

1.5 Verkehr

What-about-me-ism kann sich in jedem von uns entzünden, im Umgang mit pedantischen oder hypochondrischen Freunden, im Verhältnis zu Familienmitgliedern und am Arbeitsplatz. Es kann auch auftreten, wenn man sich in der Freizeit mit Aktienhandel beschäftigt und plötzlich der Aktienmarkt die Schuld dafür bekommt und dafür verantwortlich gemacht wird, dass sich die eigenen Erwartungen an das Universum nicht erfüllen. Man stelle sich nun vor, dass etwas so Simples wie der Verkehr auf *What-about-me-ism* basierte. Wie ginge es uns damit?

Verkehrsteilnehmer, unabhängig davon, ob sie ein Auto, einen LKW, ein Motorrad oder ein gewöhnliches Fahrrad lenken, zeigen häufig eine selbstopportunistische Tendenz, wenn sie anderen Verkehrsteilnehmern bestimmte Verhaltensweisen zuschreiben. Wenn jemand uns beim Spurwechsel schneidet, werden wir leicht wütend, weil wir eine so genannte *dispositionelle* Verhaltenszuschreibung vornehmen: Wer uns schneidet, ist entweder rücksichtslos, aggressiv oder drängelt sich unhöflich hinein. Schneiden wir hingegen selbst jemanden, sieht das Ganze völlig anders aus. Man nennt dies eine *situative* Verhaltenszuschreibung, die für uns selbst von Vorteil ist: »Ich konnte nicht anders, gleich kommt die Ausfahrt, da muss ich jetzt runter!« Oder: »Ich bin spät dran, habe einen Termin, ich muss mich leider reindrängeln!«

Nun, es kann durchaus sein, dass unter Verkehrsteilnehmern eine weit verbreitete Furcht existiert, für das Verstoßen gegen die ungeschriebenen Verkehrsregeln von den anderen Verkehrsteilnehmern gehasst zu werden. Wenn ich einen anderen Verkehrsteilnehmer belästige, rechne ich grundsätzlich mit einer negativen Reaktion von ihm.

Die Standardannahme im Verkehr ist, dass uns von niemandem etwas geschenkt wird, weshalb wir routinemäßig allen anderen Verkehrsteilnehmern negative Reaktionen zuschreiben. Es gilt als Norm, dass alle Verkehrsteilnehmer negativ eingestellt sind. Vieles von dem, was wir als die Meinung anderer über uns als Verkehrsteilnehmer annehmen, entspringt völlig der Fantasie. Trotzdem sind diese Fantasien Standardzuschreibungen, die tatsächlich im Verkehr vorgenommen werden.

Zuschreibungen, die umgekehrt darauf beruhen, was wir tatsächlich können und tun, die aber gleichzeitig recht willkürlich sind. Oft gehen sie auch mit einer Voreingenommenheit einher, die uns selbst und unsere Handlungen bevorzugt. Wir als Verkehrsteilnehmer machen immer alles richtig. Wir sind die Größten, wenn es uns gelingt, seitlich in eine enge Parklücke einzuparken, oder wenn wir schneller fahren als sonst. Aber wenn wir einen Strafzettel wegen Falschparkens an der Windschutzscheibe entdecken, dann ist das natürlich die Schuld eines fiesen, übereifrigen Ordnungsamtmenschen. Wir klopfen uns selbst auf die Schulter, wenn es uns gelungen ist, beim Ein- und Ausparken wahre Manövrierkunststücke zu vollbringen, während wir die Leute vom Ordnungsamt dafür kritisieren, ihren Dienst vorschriftsmäßig zu tun. Diese Art des Denkens ist voreingenommen, selbstherrlich, inkonsistent und im Allgemeinen gleichermaßen unangenehm wie lästig. Eine selbstherrliche Denkweise im Verkehr ist unangepasst und potenziell destruktiv: Wir gehen mit anderen hart und unerbittlich ins Gericht, weil wir ihr Verhalten als Ausdruck ihres freien Willens auf Kosten des unseren betrachten; andererseits entschuldigen wir unser eigenes Tun damit, dass es uns in der Situation unvermeidlich aufgezwungen wurde. Alle anderen sind selbstverliebte Idioten, und wenn *ich* einen Fehler mache, dann sind daran in Wirklichkeit die anderen schuld. Unangepasst und destruktiv.

Nehmen wir vor diesem Hintergrund an, der Verkehr würde nach dem *What-about-me*-Prinzip ablaufen: »Wenn andere rücksichtslos fahren, warum dann nicht auch ich?« Es gäbe reihenweise Unfälle, die Straßenverkehrsordnung hätte keinen konstitutiven Wert und fände im besten Fall regulative Anwendung, wenn es für den Einzelnen opportun wäre. Ampeln, Temposchwellen, Verkehrsschilder hätten nur einen symbolischen Wert. Alle würden routinemäßig aus vollem Halse *Was ist mit mir?* schreien, während allen anderen Verkehrsteilnehmern dispositionelle Verhaltenszuschreibungen zugeworfen werden. Unsere situativen Verhaltenszuschreibungen würden gleichzeitig bedeuten, dass wir uns voll und ganz dazu berechtigt fühlten, so zu handeln, wie wir es tun: Wenn *ich* dich schneide, kann das für dich möglicherweise von Nachteil sein, aber wenn *du* mich schneidest, dann habe *ich* mit Sicherheit davon einen Schaden. *What-about-me-ism* im Verkehr ist eben kein Verkehr, sondern Chaos.

Es gibt also gute Gründe, den Verkehr auf den Straßen von anderen Menschen anstatt von uns selbst regeln zu lassen. Zusammenarbeit, Verlässlichkeit und Sicherheit sollen auf diese Weise gewährleistet werden, denn die Psychologie der Verkehrsteilnehmer scheint diese nicht zu garantieren – jedenfalls nicht ohne erhebliche Verluste auf allen Seiten, die in reiner Selbstzerstörung enden können. Ähnlich verhält es sich, wenn wir das Leben in jeder Beziehung als *What-about-me*-Spiel gestalten. Dazu komme ich im nächsten Abschnitt.

-02- Das *What-about-me*-Spiel

In vielen Actionfilmen wird ein gewagtes Spiel dargestellt, bei dem zwei Autos mit Höchstgeschwindigkeit aufeinander zurasen und Sieger derjenige ist, der als Letzter ausweicht. Dementsprechend ist Verlierer, wer als Erster ausweicht, um eine Kollision mit dem Entgegenkommenden zu vermeiden. Dieses im Englischen »Chicken Game« genannte Spiel heißt im Deutschen »Angsthase-« beziehungsweise »Feiglingsspiel« oder auch »Falke-Taube-Spiel«. Das Leben zu leben, als wäre es so etwas wie ein erfolgreiches Nullsummenspiel in einem Wettbewerb, bei dem man ständig gewinnen muss, ist dem Feiglingsspiel recht ähnlich. Allerdings besteht man darauf, dass der andere immer zuerst ausweicht oder nachgibt, damit man selbst das bekommt, was man will. Streng genommen ist das kein Feiglingsspiel mehr, aber man bekommt seinen Willen, und der eigenen Logik nach erweist sich das als für alle am besten – also ein *What-about-me*-Spiel, aus dem man konsequent selbst als Gewinner hervorgeht. Mit etwas Glück bekommt man genau das, was man wollte.

Sollte diese Methode jedoch nicht zum gewünschten Ergebnis führen, trägt der andere die Schuld an der Misere.

2.1 Die Geschichten von Leo und Sascha

Wenn ich im Schach gewinne, verlierst du, es sei denn, wir spielen ein Remis und es endet unentschieden. Gleiches gilt für Bridge und Poker. Dies alles sind Beispiele für Nullsummenspiele, bei denen das, was der eine Spieler gewinnt, genau mit dem übereinstimmt, was der andere verliert. In Summe beträgt der Nettogewinn des Spiels also null. Daher der Name. Wer das größte Stück vom Geburtstagskuchen ergattert, lässt also den anderen Gästen entsprechend weniger zum Teilen übrig. Das Ganze endet ebenfalls in einem Nullsummenspiel, wenn vorausgesetzt wird, dass jeder ein Stück will und der Wert der Kuchenstücke nach demselben Prinzip festgelegt wird.

Natürlich könnte es auch passieren, dass niemand etwas vom Kuchen bekommt, weil wir uns nicht darauf einigen können, wie er überhaupt geteilt werden soll, und wir uns darüber gegenseitig die Köpfe einschlagen. Dann verlieren wir alle, weshalb es technisch gesehen kein Nullsummenspiel mehr ist. Das zeigt, wie selten echte Nullsummenspiele vorkommen. Es erklärt auch, warum in diesem Buch von der *What-about-me*-Einstellung die Rede ist, die einem Nullsummenspiel oder einem *What-about-me*-Spiel nahekommt. Im echten Leben ist es nicht zwingend so, dass man *genau* das verliert, was der andere gewinnt, sondern ein bisschen davon. Darüber hinaus können wir uns beim Gewinnen und Verlieren ganz unterschiedlich fühlen – manchmal macht es uns nur wenig aus, ein andermal viel – je nachdem, was auf dem Spiel steht. Die Ergebnisse können daher von Partnern, Kollegen und Spielern unterschiedlich gewichtet werden, und genau genommen ist es dann auch kein echtes Nullsummenspiel. Entscheidend dabei ist, dass der eine etwas gewinnen kann, indem er seinen Willen bekommt, während der andere etwas verliert, indem er sich beugt. Man könnte nun darüber diskutieren, wie viel das für den Einzelnen bedeutet, aber es bleibt trotzdem ein Wettbewerb darum, wer in *What-about-me*-Szenarien gewinnt und verliert.

Wenn Leo entscheidet, Zeit mit seinem*ihrem Kind aus seiner*ihrer früheren Ehe zu verbringen, und Sascha, der*die derzeitige Partner*in, findet, dass die Zeit, die Leo mit dem Kind verbringt, Zeit ist, die Leo eigentlich mit Sascha verbringen könnte oder sollte, dann betrachtet Sascha die ganze Situation als nullsummenähnliches Szenario.

Hinzu kommt, dass Leo und Sascha nicht nur ein Liebespaar sind, sondern auch Kolleg*innen in derselben Firma und mehr oder weniger dieselbe Tätigkeit ausüben. Während Leo mit dem oben erwähnten Nachkommen unterwegs ist, hat Sascha am Nachmittag erfahren, dass Leo befördert wurde, Sascha aber nicht. Nach Saschas Auffassung sind beide gleich gut in ihrer Arbeit, so dass Leo die Beförderung nur erhielt, weil Sascha leer ausging. Errechnet man den Gesamtgewinn unter Abzug der Verluste, ist das Ergebnis wiederum eine große runde Null. Saschas Bilanz macht dies nur noch schlimmer. Es gibt jetzt zwei *What-about-me*-Spiele, die übereinandergestapelt sind – noch dazu am selben Tag –, und Sascha hat beide verloren. Schlechter Tag!

Während Leo mit der glücklichen Tochter auf dem Spielplatz herumtollt, braust Sascha im Auto nach Hause und gerät in eine Radarfalle der Polizei, weil er*sie zu schnell gefahren ist. Allerdings schienen andere Autofahrer auch zu schnell gewesen zu sein, denn Sascha hatte sich lediglich dem allgemeinen Verkehrsfluss angepasst, und trotzdem war nur Sascha es, der*die geblitzt wurde und somit für alle die A-Karte übernahm. Und erneut ist der Gewinn der anderen Saschas Verlust. In einem als *What-about-me*-Spiel arrangierten Leben ist der Glückskelch ein drittes Mal an ihm*ihr vorübergegangen.

Aber es kommt noch schlimmer: Leo und Sascha betreiben beide in ihrer Freizeit Aktienhandel. Manche Menschen puzzeln gerne, andere besuchen einen Swingerclub, und dann gibt es solche, die zusammen Spaß an ein paar Kleininvestitionen und dem Geplauder haben, das sich nun einmal darüber am Kaffeetisch entspinnen kann. Im Laufe der Zeit haben sich Leo und Sascha als gleichermaßen clever und versiert in diesem Metier erwiesen, wenn man sich die Entwicklung ihrer jeweiligen Portfolios anschaut. Nun, während Leo auf dem Spielplatz ist, erhält er*sie plötzlich eine Nachricht auf sein*ihr Handy, dass bestimmte Aktien des Portfolios gerade mit einem beträchtlichen Gewinn verkauft wurden. Was für ein fantastischer Tag: eine Tochter, glücklich auf dem Spielplatz, eine Beförderung auf der Arbeit und jetzt das! Da muss er*sie Sascha gleich eine SMS schicken, zusammen mit einer Einladung zu Champagner und Cocktails am Abend, damit die beiden feiern können, was für ein schönes Leben sie zusammen haben. Am anderen Ende der Leitung ist Leos Partner*in dabei, aus purer Verzweiflung Tapeten von den Wänden zu pflücken: Saschas Aktien haben sich heute kein Stückchen bewegt und die Tatsache, dass Leos Aktien gerade einen satten Gewinn abgeworfen haben, lässt bei Sascha das Gefühl entstehen, dass das, was Leo verdient hat, irgendwie genau das ist, was Sascha eingesetzt hat.

Nimmt man alles zusammen – Leos Zeit für die Tochter, die Beförderung, den Strafzettel fürs Zu-schnell-Fahren auf dem Heimweg und dazu noch Leos mit Gewinn verkaufte Aktien –: In Saschas Augen gibt es absolut nichts, was für einen Abend mit Weißweincocktails und Canapés spricht, um ihre wundervolle Zweisamkeit, ihr Vertrauen und ihre Zusammenarbeit zu feiern. So ist es, weil Sascha das Leben als ein *What-about-me*-Spiel betrachtet und sich daher in einem ständigen Wettstreit darum befindet, wer das bekommen kann, was er gerne will.

2.2 Spieltheorie

Die Spieltheorie ist eine Disziplin, die in Mathematik, Wirtschaftswissenschaften, Philosophie, Politologie, Sozial- und Verhaltenswissenschaften entwickelt wurde.[1] Die Wissenschaft verfügt über einen Werkzeugkasten, der sich gut für die Analyse und das Verstehen der vielen unterschiedlichen Situationen eignet, die ich in diesem Buch unter die Lupe nehme, das heißt Situationen, bei denen die besten Züge oder Gegenzüge einer Person vom Tun oder voraussichtlichen Tun der anderen abhängen. Bei der Untersuchung von Interaktionen kommen diverse Werkzeuge zum Einsatz, ganz gleich, worum es sich dabei handelt: Zusammenarbeit oder Konflikt, in einem bestimmten Umfeld, zum Beispiel bei Festessen mit der Familie oder Dinnerpartys mit Freunden, im Zusammenspiel mit Kollegen am Arbeitsplatz, beim Kampf mit anderen Investoren an der Börse, bei der Abstimmung mit anderen Verkehrsteilnehmern auf den Straßen, in Kalter-Krieg-Szenarien etc.

Die Spieltheorie kann schnell ziemlich technisch werden, und die mathematischen Modelle für strategische Interaktion zwischen Personen sind außerordentlich kompliziert. Aber weniger tut es auch, um trotzdem eine gute Vorstellung davon zu gewinnen, was wir tun können, um dem ständigen *What-about-me*-Denken die Arroganz, Vorhersehbarkeit und Lächerlichkeit zu nehmen.

Das Feiglingsspiel ist ein Konfliktmodell, mit dem man einen Großteil des Konflikts in mehreren der bisher besprochenen *What-about-me*-Beispiele strukturell erfassen kann. Der Name des Feiglingsspiels, wie eingangs erwähnt, leitet sich von der Situation ab, in der zwei entgegenkommende Fahrer auf Kollisionskurs aufeinander zurasen. Wenn beide weiter geradeaus fahren, kann dies damit enden, dass beide bei dem Zusammenstoß ums Leben kommen. Eine der Parteien muss ausweichen. Weicht der eine aus, während der andere weiterfährt, hat derjenige, der weiterfuhr, das Spiel gewonnen. Derjenige, der ausweicht, ist ein Feigling, und derjenige, der weiterfährt, ist der heldenhafte Gewinner.

Die beiden Fahrer könnten Leo und Sascha sein. Ihre Paarbeziehung lässt sich als Feiglingsspiel in einer Gewinnmatrix abbilden, die beschreibt, was jeder von seinen möglichen Handlungen hat:

		Sascha	
		Ausweichen	**Weiterfahren**
Leo	**Ausweichen**	Unentschieden, Unentschieden	Verlierer, Gewinner
	Weiterfahren	Sieger, Verlierer	Bumm! Bumm!

Leo und Sascha haben jeweils zwei Handlungsoptionen: »Ausweichen« und »Weiterfahren«. Der Ertrag ihrer Handlungen in Bezug zu den Entscheidungen des anderen ist in den jeweiligen Zellen angegeben. Das erste Element in einer Zelle steht für Leos Ertrag, das zweite Element entsprechend für Saschas. Sowohl Leo als auch Sascha würden Gewinnen einem Unentschieden vorziehen, die nächstbeste Option wäre, ein Unentschieden zu erreichen, anstatt zu verlieren, und schließlich wäre für beide Verlieren allemal besser als ein Frontalzusammenstoß – Bumm! Bumm!

Angesichts der Kollision, die stattfinden wird, wenn weder Leo noch Sascha ein Ausweichmanöver durchführen, erscheint Verlieren durch Ausweichen unbedeutend. Vernünftig wäre es also, auszuweichen, bevor der Zusammenstoß der einzige Ausweg ist. Die Schwierigkeit beim Feiglingsspiel besteht darin, zu wissen, *wann* man ausweichen muss. Leo weiß es, Sascha weiß es – und das kann für beide von Vorteil sein. Denn wenn man davon ausgeht, dass der andere vernünftig ist und einer Kollision ausweichen wird, kann man doch einfach geradeaus weiterfahren, ohne mit der Wimper zu zucken. Voilà! Dann darf Leo Sascha einen Feigling nennen oder umgekehrt. Allerdings sind beide Möglichkeiten gegeben, und das macht die Situation ziemlich verfahren.

Eine andere Möglichkeit, diese instabile Situation in der Sprache der Spieltheorie zu beschreiben, ist, dass es mehr als nur ein *Nash-Gleichgewicht* im Feiglingsspiel gibt. Der Begriff »Nash-Gleichgewicht« geht auf den Namen des amerikanischen Spieltheoretikers und Wirtschaftsnobelpreisträgers John Nash (1928–2015) zurück, der in dem Film *A Beautiful Mind – Genie und Wahnsinn* von Schauspieler Russell Crowe portraitiert wurde. Nash beobachtete, dass in einem Gleichgewichtszustand jeder rationale Spieler die beste Antwort auf den Zug des anderen Spielers geben wird. Alle Spieler tun dies nach bestem Vermögen. Ein Nash-Gleichgewicht ist also ein Paar von Strategien, eine für jeden Spieler. Das bedeutet, dass kein Spieler durch eine Änderung seiner eigenen Strategie einen weiteren Vorteil hat, solange die Strategie des Gegners gleich bleibt. Wäre dies der Fall, würde dies zu einem so genannten *Nash-Gleichgewicht in reinen Strategien* führen. In einem solchen Gleichgewichtszustand rücken nur die beiden Situationen, in denen Leo ausweicht oder nachgibt und Sascha nicht – und umgekehrt –, ins Blickfeld.

Ein Nash-Gleichgewicht in reinen Strategien, auch klassisches Nash-Gleichgewicht genannt, entsteht in Situationen, in denen Spieler mit Gewissheit *ein* bestimmtes Ergebnis anstreben. Allerdings gibt es viele Spiele, denen eine solche Gewissheit fehlt. Das Lustige an »Schere, Stein, Papier« als Nullsummenspiel ist gerade, dass »Schere« »Papier« schneidet, während »Stein« »Schere« schleift und »Papier« »Stein« einwickelt, was das Ergebnis unsicher und unvorhersehbar macht. »Schere, Stein, Papier« ist spieltheoretisch interessant, weil es eben kein Gleichgewicht gibt, bei dem sich die Spieler auf vorhersehbare Weise verhalten. Wenn das der Fall wäre, könnte der Gegner dies zu seinem Vorteil nutzen und damit das Spiel gewinnen – aber dann macht es auch keinen Spaß mehr. Da die Spieler nach Unvorhersehbarkeit streben – denn es gibt einen echten Anreiz, unvorhersehbar zu handeln –, hat das Spiel kein reines Nash-Gleichgewicht. Allerdings hat das Spiel etwas, was als *Nash-Gleichgewicht in gemischten Strategien* oder auch *gemischtes Nash-Gleichgewicht* bezeichnet wird: Die Spieler wählen in reinen Strategien willkürlich aus und zeigen entweder »Stein«, »Schere« oder »Papier« als beste Antwort auf das, was die anderen Spieler tun (eben um grundsätzlich ein Nash-Gleichgewicht zu erzielen).

Nash-Gleichgewichtszustände in gemischten Strategien sind nicht zwingend das Ergebnis der unvorhersehbaren Wahl der Spieler wie bei »Schere, Stein, Papier«. Sie können auch auftreten, wenn es viele verschiedene Nash-

Gleichgewichtszustände in reinen Strategien gibt und gleichzeitig jeder Spieler eine bestimmte Vorliebe für ein anderes Gleichgewichtsergebnis hat. Womit wir zurück bei Leo und Sascha und ihrer Paarbeziehung im Kleinen wie im Großen wären. Jeder von ihnen mag seine eigene Vorliebe für ein bestimmtes Ergebnis in ihrer Liebesbeziehung haben, nämlich dass jeder seinen Willen bekommt, wenn er sich durchsetzen lässt. Dem anderen kann dann erlaubt werden, sich dienlich zu beugen, was wiederum natürlich davon abhängt, was der andere entscheidet zu tun.

		Sascha	
		Sich beugen	**Willen bekommen**
Leo	**Sich Beugen**	0, 0	-1,1
	Willen bekommen	1, -1	-1000, -1000

Entweder bekommt Leo gegenüber Sascha seinen*ihren Willen, oder Sascha bekommt seinen*ihren Willen gegenüber Leo; der*die eine bekommt das, was er*sie will, während der*die andere sich beugt. Ich bekomme, was ich haben will: 1 Punkt für mich, – 1 Punkt für dich – in der Summe ergibt das 0; oder du bekommst, was du willst, während ich mich beuge: 1 Punkt für dich, und zum Schluss füge ich hinzu, was du gewonnen hast, also – 1 Punkt für mich, und wieder ergibt dies 0. Das sind die beiden unterschiedlichen Nash-Gleichgewichtszustände in reinen Strategien. Dann gibt es aber den Fall, dass wir beide uns beugen und keiner von uns seinen Willen bekommt, dann bekommen wir nichts, oder wir gehen mit voller Kraft aufeinander los in dem Versuch, jeder für sich seinen Willen durchzusetzen, was uns in eine wirklich schlechte Position bringt, sagen wir – 1000 Punkte für mich und – 1000 Punkte für dich. Das ist ein viel größerer Verlust als das, was jeder von uns gewinnen konnte, indem er*sie seinen*ihren Willen bekam oder ein Unentschieden erreichte, indem wir uns beide gebeugt haben. Unter der Annahme, dass sowohl Leo als auch Sascha bereit sind, gemeinsam ihre Unstimmigkeiten zu lösen und zusammenzubleiben, geht es bei – 1000 im Grunde um Scheidung. Zumindest im Vergleich zu dem, was Leo und Sascha jeder für sich gewinnen, indem sie sich entweder durchsetzen oder beugen.

Scheidung ist auf der anderen Seite kein mögliches Gleichgewichtsresultat, wenn man nur Nash-Gleichgewichtszustände in reinen Strategien betrachtet. Denn in den reinen Nash-Gleichgewichtszuständen besteht *keine* Möglichkeit, dass beide Seiten verlieren (oder gewinnen). Das heißt, es handelt sich nicht um einen reinen Nash-Gleichgewichtszustand, wenn weder Sascha noch Leo eine Scheidung wollen (und somit das Spiel durch eine Trennung gewinnen würden). Es handelt sich hingegen um einen gemischten Nash-Gleichgewichtszustand. Wenn Sascha ernsthaft für sich entschieden hat, dass es nur darum geht, seinen*ihren Willen zu bekommen, bleibt Leo nichts Besseres übrig, als sich zu beugen, um die Beziehung zu retten und die Scheidung zu vermeiden. Die Spannung in einer jeden Paarbeziehung lässt sich durch Betrachten des Nash-Gleichgewichts in gemischten Strategien erfassen, bei dem Leo und Sascha zwischen »Sich beugen« und »Willen bekommen« schwanken. In einem Nash-Gleichgewicht in gemischten Strategien ist die Scheidung, wie oben erwähnt, ein mögliches Ergebnis, weil es die Möglichkeit mehrerer unterschiedlicher Ergebnisse zulässt. Was tut man also, wenn man sowohl den*die Partner*in behalten als auch sich durchsetzen und außerdem die Scheidung vermeiden will? Dann muss man ein neues Spiel erfinden und den*die Partner*in zum Mitmachen bewegen.

Sascha scheint ein Kontrollfreak zu sein, wenn man die bis hierher beschriebenen Situationen betrachtet. Angefangen damit, dass er*sie gerne Einfluss darauf haben möchte, wann Leo sein*ihr Kind sieht, wem legitim Gewinne aus Aktienhandel zustehen sollten bis dazu, inwieweit es fair ist, eine Geldstrafe für einen Verkehrsdelikt zu bekommen und so weiter. Willkür und Unvorhersehbarkeit sind andererseits meilenweit von Kontrolle entfernt. Wenn nun aber das Leben als ein Beinahe-Nullsummenspiel und ständiger Wettbewerb konstruierbar ist, bei dem man garantiert immer gewinnt, dann beginnt es sich zu Buche zu schlagen – auch bei der Kontrolle. Wenn man nun Sascha ist, der*die vermutlich viele verschiedene Ereignisse als Nullsummenspiel betrachtet und im Übrigen ständig (so sieht er*sie es selbst) den Müll für andere schleppt, wie stellt man dann sicher, dass man immer seinen Willen bekommt und gleichzeitig die Ehe mit Leo fortbesteht? Dafür gibt es im Grunde nur *ein* Rezept: Ihre Paarbeziehung als *What-about-me*-Spiel muss so verändert werden, dass:

1. ***das Nash-Gleichgewicht in gemischten Strategien, bei dem Leo und Sascha sich abwechselnd beugen und ihren Willen bekommen, eliminiert wird;***
2. ***nur noch Nash-Gleichgewichtszustände in reinen Strategien übrigbleiben, wobei Sascha immer damit rechnen kann, dass***
3. ***Leo sich für Sich-Beugen entscheidet, was garantieren würde, dass***
4. ***Sascha stets triumphiert.***

Das *What-about-me*-Spiel könnte wie folgt aussehen:

		Sascha	
		Sich beugen	***Willen bekommen***
Leo	***Sich Beugen***	0, 0	2,4
	Willen bekommen	1, -1	-1000, -1000

Wenn Sascha ***einen Gewinn von 4 erzielt, wenn er*sie seinen*ihren Willen bekommt, wird Leo mit 2 belohnt, indem er*sie sich beugt.*** Das ist streng genommen besser als mit einer schnöden 1 abzuschneiden, die man bekommt, wenn man seinen Willen durchsetzt. Das ist hier auch besser, als wenn beide sich beugen, was wiederum der Frontalkollision vorzuziehen ist, wenn beide versuchen, ihren Willen durchzusetzen, denn das würde beiden ein Ergebnis von jeweils – 1000 einbringen. In diesem neuen *What-about-me*-Spiel ist es plausibel, dass Leo sich für »Sich beugen« entscheidet, während Sascha nach dem »Willen bekommen«-Gleichgewicht vorgeht. Wenn sich nun aber Leo für die gleiche Vorgehensweise entscheidet, werden beide zurück zum Start katapultiert, wo keiner von ihnen davon profitiert, seinen Willen durchzusetzen.

Der bewährte Trick hier ist, den anderen zu andauernder Unterwerfung zu zwingen, damit man immer darauf zählen kann, seinen Willen zu bekommen. Das ist jedoch nicht Teil des Spiels, wie es sich jetzt darstellt. Es muss eine normative Komponente hinzugefügt werden, die rechtfertigt, warum der eine stets bekommen kann, was er sich wünscht. Gleichzeitig muss es möglich sein, diese Partei von jeder moralischen Verantwortung zu befreien für den Fall, dass etwas schiefläuft. Bequemerweise muss die Verantwortung dem oder den anderen zugeschoben werden. Sascha muss sich daher auf clevere, nicht greifbare und unauffällige Weise – die von Leo nicht sofort zu erkennen ist – ständig das Recht vorbehalten können, sowohl das Spiel festzulegen als auch stets das Aufschlagrecht zu besitzen.

Sascha muss Leo irgendwie davon überzeugen, dass die Erfüllung seiner*ihrer Erwartungen immer das Richtige für das Wohl und Wehe ihrer Paarbeziehung ist. Denn Sascha weiß es einfach besser und ist daher berechtigt, das Spiel nach dem oben genannten ***hervorgehobenen*** Rezept zu gestalten. Es *auf meine* Art zu machen, ist laut Sascha immer zum Besten für das Gemeinwohl. Der Überzeugung zu sein, dass man es stets besser weiß, egal, welche Wege und Abwege das Leben nimmt, ist natürlich recht überheblich.

Es besser zu wissen, entbindet Sascha auch von moralischer Verantwortung, wenn etwas schiefläuft. Da zum Tango immer zwei gehören und Sascha sich auf sicherem Terrain befindet, indem er*sie es immer besser weiß, fällt die moralische Verantwortung Leo zu. Sollte Leo sich entschließen, zu rebellieren und sich nicht zu beugen, würde das beide hart treffen, aber es wäre nun einmal Leos Schuld – und nur seine*ihre. Es gibt kein *»blame game«*, also Schwarzer-Peter-Spiel, es wird nie in Saschas Spielfeldhälfte ausgetragen, immer in Leos. Zugleich ist anzumerken, dass diese ganzen *What-about-me*-Übungen mit dem Festlegen der Erwartungen, immer zu wissen, was das Beste für die Paarbeziehung ist, die moralische Absolution, dass das alles bei Sascha liegt. Wie moralische Absolution zustande kommt, ist eine Frage der Moralphilosophie, die in Kapitel 4 analysiert wird.

Wenn die Dinge so verändert werden, wie in den Punkten 1–4 auf Seite 39 *w* beschrieben, tun Leo und Sascha ihr Bestes in Abhängigkeit davon, was der andere tut. Wir handeln so gut wir können, ausgehend vom Tun des anderen. Dies ist im Wesentlichen Nashs spieltheoretische Botschaft bei der Formulierung rationaler Gleichgewichtszustände. Nun aber, da das Spiel so verändert wurde, dass Leo die volle Verantwortung für die Erfüllung der Erwartungen von Sascha trägt, gibt es nur eine Handlungsoption, nur ein Nash-Gleichgewicht in reinen Strategien, und das ist der Punkt, an dem Sascha seinen*ihren Willen bekommt, während Leo sich beugt. Keine der beiden Parteien wäre in der Lage, durch Abweichen von ihrer Strategie ein besseres Ergebnis zu erzielen.

2.3 Es ist aus! Wahrscheinlich …

In der Praxis ist es fast unmöglich, eine Paarbeziehung so zu führen, dass einer der Partner in jeder einzelnen Situation seinen Willen durchsetzt, wie es in einem »echten strategischen Nash-Gleichgewicht« der Fall wäre. Das wäre ziemlich unrealistisch – schließlich bekommen wir in der Paarbeziehung nicht immer das, was wir uns wünschen. Aber wenn man das *What-about-me*-Spiel als unrealistisch betrachtet, gibt es besonders zwei Dinge, die es wert sind, untersucht zu werden:

1. Wie würde die Paarbeziehung von Sascha und Leo aussehen, wenn sie stattdessen auf einem Nash-Gleichgewicht in gemischten Strategien beruhen würde und daher zufälliger wäre? Wer von beiden würde sich beugen und wer von beiden seinen Willen bekommen?

2. Und wie hoch sind die möglichen Gleichgewichtswahrscheinlichkeiten, dass Leo und Sascha jeweils das bekommen, was sie wollen, wenn angenommen wird – wie in den Szenarien beschrieben –, dass beide nicht die gleichen Gewinnerwartungen an die verschiedenen Ergebnisse haben?

Jetzt wird es noch ein wenig komplizierter, also aufgepasst, aber mit etwas Geduld werden wir uns zum Kern der Sache vorarbeiten. Denn beide Fragen lassen sich durch Betrachtung einer neuen Gewinnmatrix beantworten, welche die unterschiedlichen Gewinnerwartungen von Leo und Sascha berücksichtigt:

		Sascha	
		Sich beugen	**Willen bekommen**
Leo	**Sich beugen**	0, 0	0, 100
	Willen bekommen	80, 0	-20, -50

Wenn Leo und Sascha sich beide beugen, erhalten sie jeweils einen Gewinn von 0. Da Leo etwas weniger darauf aus ist, ständig seinen*ihren Willen zu bekommen, erzielt er*sie einen Gewinn von 80, während Sascha gar nichts bekommt, wenn Leo seinen*ihren Willen bekommt und Sascha sich beugt. Umgekehrt bedeutet es für Sascha wesentlich mehr, seinen*ihren Willen zu bekommen. Sascha erhält daher einen Gewinn von 100 (und 100 ist bekanntlich mehr als die 80, die Leo beim Durchsetzen seines*ihres Willens einkassieren könnte), während für Leo durch sein*ihr Nachgeben 0 übrigbleibt. Dieses Muster spiegelt sich auch in der Situation wider, in der beide ihren Willen bekommen, was für Sascha mit – 50 einen größeren Verlust bedeutet als für Leo mit nur – 20. Im Allgemeinen bedeutet es nur etwas weniger für Leo, seinen*ihren Willen zu bekommen, als für Sascha.

Sei es, wie es ist, aber Leo und Sascha möchten immer noch gerne, dass der andere sich beugt, damit sie selbst das Machtmonopol haben. Das ist der eigentliche Kampf, denn keiner von ihnen ist bereit, aufzugeben und unter dem Pantoffel seines Partners zu stehen. Jeder von ihnen hat die Chance, die Vormachtstellung zu übernehmen, sie können es nur einfach nicht mit Sicherheit wissen. Mit anderen Worten, wie hoch sind die möglichen Gleichgewichtswahrscheinlichkeiten dafür, dass Leo und Sascha bekommen, was sie wollen?

Um diese Wahrscheinlichkeiten in einem Nash-Gleichgewicht auf der Grundlage gemischter Strategien zu berechnen, sollte man sich zunächst bewusst sein, dass Leo und Sascha nur zufällig zwischen »Sich beugen« und »Willen bekommen« wählen, wenn sie den beiden Handlungen gleichgültig gegenüberstehen. Aber die einzige Situation, in der sie gleichgültig wären, ist die, in der der erwartete Gewinn bei »Sich beugen« der gleiche wie bei »Willen bekommen« ist. Wenn der Gewinn aus einer der beiden Handlungen höher ist als aus der anderen, wäre es töricht, die Handlung, die zu einem höheren Gewinn führt, nicht zu bevorzugen und sich nicht dafür zu entscheiden. Wenn es den Parteien egal ist, liegt das daran, dass der erwartete Gewinn der gleiche ist, unabhängig davon, wie sie handeln.

Zurück zur Gewinnmatrix: Wenn Sascha sich beugt, ist der erwartete Gewinn für ihn*sie 0, und das unabhängig davon, was Leo zu tun beschließt. Wenn aber Sascha versucht, es auf seine*ihre Weise zu erreichen, hängt sein*ihr erwarteter Gewinn von der Wahrscheinlichkeit ab, ob Leo es gelingt, seinen*ihren Willen durchzusetzen. Nehmen wir p für die Wahrscheinlichkeit, dass Leo seinen*ihren Willen durchsetzt. Wenn $p = 1/2$, besteht eine Chance von 50 %, dass Leo seinen*ihren Willen durchsetzt; wenn $p = 1$, besteht eine 100%ige Wahrscheinlichkeit, dass Leo seinen*ihren Willen durchsetzt, während $1-p$ die Wahrscheinlichkeit ist, dass Leo sich beugt.

Wenn Sascha sich beugt und Leo seinen*ihren Willen bekommt, gibt das einen möglichen Gewinn von 50 für Sascha, was mit einer Wahrscheinlichkeit von p geschieht. Und dennoch hat Sascha Aussicht auf einen Gewinn von 100, wenn Leo umgekehrt nachgibt, was sich mit der Wahrscheinlichkeit von $1-p$ niederschlagen wird. Insgesamt ist der erwartete Gewinn für Sascha, wenn Sascha seinen*ihren Willen bekommt, gleich:

$$-50(p) + 100(1-p).$$

Nun, Sascha wird es egal sein, ob Sascha »Sich beugen« oder »Willen bekommen« wählt, wenn für beide Handlungen derselbe Gewinn anzunehmen ist. Wie aus der oberen linken Zelle in der oben aufgeführten Gewinnmatrix ersichtlich ist, erhält Sascha einen Gewinn von 0, unabhängig davon, was Leo tut. Also egal, ob Leo sich beugt oder seinen*ihren Willen bekommt. Daher sieht der erwartete Gewinn für Sascha im Falle des Nachgebens wie folgt aus:

$$0 = -50(p) + 100(1-p).$$

Löst man diese Gleichung nach *p* auf, ohne ins Detail zu gehen, liegt Leos Gleichgewichtswahrscheinlichkeit fürs »Willen bekommen« bei 2/3, während Saschas Gleichgewichtswahrscheinlichkeit in gleicher Konstellation bei 4/5 liegt, indem die Wahrscheinlichkeiten isoliert werden, durch die es für Leo keine Rolle spielt, ob er*sie sich für »Sich beugen« oder »Willen bekommen« entscheidet.

Nimmt man erneut die oben aufgestellte Gewinnmatrix zu Hilfe, wird deutlich, dass Leo ein Verlust von –20 ins Haus steht, wenn er*sie versucht, seinen*ihren Willen gegenüber Sascha in Situationen durchzusetzen, in denen Sascha ebenfalls versucht, gegenüber Leo seinen*ihren Willen durchzusetzen. Dies wird wiederum mit einer 4/5-Wahrscheinlichkeit geschehen. Auf der anderen Seite hat Leo einen satten Gewinn von 80 in Aussicht, wenn Sascha sich beugt, allerdings besteht nur eine 1/5-Chance darauf, dass das eintritt. Für Leo liegt der erwartete Gewinn im Fall von Saschas Nachgeben bei 0, das heißt:

$$0 = -20(4/5) + 80(1/5).$$

Mit diesen Wahrscheinlichkeiten für Leo und Sascha – 2/3 für Leo und 4/5 für Sascha – ist es eine Kleinigkeit, die Wahrscheinlichkeiten für jedes mögliche Ergebnis ihrer Paarbeziehung zu berechnen:

1. Die Wahrscheinlichkeit, dass *Leo und Sascha sich beide beugen, ist 1/15*, was sich ergibt, indem man die Wahrscheinlichkeiten, dass beide nachgeben, miteinander multipliziert: 1/3 × 1/5 = 1/15.
2. Die Wahrscheinlichkeit, dass weder *Leo noch Sascha sich beugen, ist 8/15*, was sich ergibt, indem man die Wahrscheinlichkeit, dass Leo Sascha gegenüber sei-

nen*ihren Willen durchsetzt und Leo Sascha gegenüber, miteinander multipliziert: 2/3 × 4/5 = 8/15.

3. Die Wahrscheinlichkeit, dass *Leo das Machtmonopol erlangt, während Sascha sich beugt, beträgt 2/15*, da 2/3 × 1/5 = 2/15.

Umgekehrt beträgt die Wahrscheinlichkeit, dass *Sascha in der Beziehung das Machtmonopol an sich reißt, während Leo unter den Pantoffel gerät, 4/15*, da 4/5 × 1/3 = 4/15.

Wahrscheinlichkeiten sind nun einmal nur wahrscheinlich und liefern keine Gewissheit – aber Wahrscheinlichkeiten können verwendet werden, um mögliche Schicksale in Paarbeziehungen in verschiedenen Situationen zu bestimmen. Es muss trotz allem ein Trost für den*die wild entschlossene*n Sascha sein, dass er*sie eine doppelt so große Chance hat, seinen*ihren Willen nach seiner*ihrer Façon zu bekommen, während Leo nachgibt, als dass die Wahrscheinlichkeit für das Umgekehrte besteht. Diese Wahrscheinlichkeiten verblassen jedoch im Vergleich zu der Wahrscheinlichkeit von 8/15, dass sie sich Tag für Tag gegenseitig tyrannisieren und dabei beide nur draufzahlen. Dieses Ergebnis ist wahrscheinlicher als alle anderen, einschließlich desjenigen, bei dem die Scheidung zur Debatte steht, wofür es nur eine Wahrscheinlichkeit von 1/15 gibt.

Abschließend möchte ich noch kurz darüber nachdenken, was langfristig geschehen wird, wenn Sascha und Leo unter Umständen, die vor allem an Krieg erinnern, weiterhin zusammenbleiben. Es gibt tatsächlich ein Spieltheorie-Modell, bei dem Leo und Sascha unerschütterlich in der Beziehung bleiben und jeder intensiv und ichbezogen kämpft, um an seine Ziele zu kommen. Gleichzeitig behält sich jeder von ihnen das Recht vor, bei späterer Gelegenheit den Stecker zu ziehen. Ein solcher Beziehungskampf kann jahrelang bestehen bleiben und auf beiden Seiten zu massiven Verlusten führen – ein wahrer *Abnutzungskrieg*. Wer möchte ernsthaft eine solche Paarbeziehung führen, die von verheerenden Kämpfen und Streitigkeiten geprägt ist? Es gibt durchaus Paare, bei denen das der Fall ist, obwohl sie sich eigentlich schon längst hätten trennen müssen. Das Gleiche, so würden manche sagen, gilt für unser Verhältnis zu SoMe, den sozialen Medien. Vielleicht hätten wir uns auch hier schon längst trennen sollen.

-03-
Ich im Netz

What-about-me-ism strömt sowohl offline als auch online von überall auf uns ein: Das kann bei einem Angelausflug in wunderschöner Natur genauso passieren wie beim gebannten Schauen von Reality-TV oder beim Verfolgen des Treibens der Lieblings-Influencer. Die Möglichkeit des ständigen Vergleichens zwischen sich und den scheinbar Erfolgreichen, verbunden mit der Vorstellung »Was die können, kann ich auch«, ist Öl in unser *What-about-me*-Feuer. Soziale Plattformen von Facebook über TikTok bis hin zu Snapchat haben den *What-about-me-ism* zu einem integralen und äußerst lukrativen Bestandteil ihres Geschäftsmodells gemacht. Das hält uns als Nutzer im Netz fest.

3.1 Bjarke, Håkon und die Forelle

Einer meiner besten Freunde, Co-Leser und Berater dieses Buches, Bjarke, erzählte mir eine Geschichte aus dem wahren Leben, bei der ein scheinbar zufälliger, harmloser, aber unfreiwilliger Anfall von *What-about-me-ism* ihn letztlich bis auf den Grund des Sees hinabzog. Vorab sei erklärt, dass Bjarke ein passionierter und erfahrener Fliegenfischer ist und seit vierzig Jahren große Freude am Angeln hat. Er bindet seine Fliegen selbst, stellt sich seine Angeln und Köder zusammen und ist damit immer ordentlich auf sein nächstes Angelabenteuer vorbereitet. Er besitzt ein Ferienhaus in Schweden, das ihm reichlich Gelegenheit bietet, sich dieser (zumindest bis jetzt) unschuldigen Liebesaffäre hinzugeben.

Bjarke ist zwar nur ein Sportangler, aber dafür ein ehrgeiziger, der seine Ausrüstung seit Jahren sorgfältig auswählt, sortiert und komplettiert. Seit Kurzem nutzt er sogar eine App auf seinem Smartphone, die ihn schnell und unkompliziert über gute Fangplätze beispielsweise für Forellen informiert. In der App gibt es sogar ein Forum, in dem Fliegenfischer aus der ganzen Welt Erfahrungen austauschen, gemeinsames Wissen über *bewährte Praktiken* sammeln sowie Tipps und Tricks rund ums Forellenangeln finden können. Aber die betreffende App dient auch einem edleren Zweck: Sie soll zu mehr Nachhaltigkeit in diesem Angelsport beitragen, um zu verhindern, dass Fangplätze leer gefischt werden und die begehrten Schuppenträger und die Biosphäre überhaupt Schaden nehmen.

Und nicht zu vergessen, hat die App auch eine Funktion, die ihre Benutzer darüber informiert, wer von den Hobbyanglern an welchen Fangplätzen bei welchen Fischarten die angeblich größten Erfolge zu verzeichnen hat. Dieser Teil der App sollte sich für Bjarke als großer Stolperstein erweisen. Das liegt an einem Benutzerprofil namens Håkon. Bjarke kennt Håkon nicht, weiß im Grunde nichts von ihm, außer dass er dieses Hobby ungefähr im gleichen Maßstab betreibt wie Bjarke und ein sehr erfolgreicher Fliegenfischer zu sein scheint. Wie es ausschaut, ist Håkon erfolgreicher, als Bjarke es je war und wahrscheinlich je werden wird. Oder zumindest für den Moment, wenn es nach Bjarke geht.

Denn Bjarke hat beschlossen, Håkons Empfehlungen zu folgen und sich an einen der Angelplätze zu begeben, an denen Håkon in letzter Zeit sehr erfolgreich war. Nachdem er es einige Stunden an diesem ausgewählten Ort erfolglos mit seiner Lieblingsrute und seiner selbst hergestellten Fliege versucht hat, beginnt sich bei Bjarke ein Gefühl einzuschleichen: Hey, was ist mit *mir*? Wohl wissend, dass er dieses nagende Gefühl im Keim ersticken und nach eigenem Gutdünken weitermachen müsste, bleibt Bjarke unverdrossen eine weitere Stunde dabei, ohne dass dies etwas brächte. Je länger er es weiter versucht, desto stärker wird das *What-about-me*-Gefühl. Weitere 15 Minuten vergehen und beim letzten Versuch reißt die Schnur. Das bringt Bjarke nun vollends dazu, sich dem *What-about-me-ism* zu ergeben.

Die Gedankenfolge, die Bjarke in diesen erbärmlichen Geisteszustand zieht, sieht folgendermaßen aus: Håkon ist augenscheinlich ein begeisterter und geschickter Fliegenfischer auf dem gleichen Niveau wie Bjarke, und eigentlich deutet nichts darauf hin, dass Håkon besondere Vorteile oder Bedingungen hätte, die ihn grundsätzlich besserstellen als Bjarke. Mit anderen Worten, wenn Håkon Erfolg hat, müsste Bjarke ihm ebenbürtig sein und ebenso viel Erfolg haben. Angesichts der Tatsache, dass Håkon an diesem Ort mehr als einmal großen Erfolg hatte, sollte es auch Bjarke mindestens einmal gelingen, zumindest dasselbe aus seinen Bemühungen herauszuholen. Wo er doch extra an diesen Platz gefahren ist und alle von Håkons angeblichen Erfolgstipps und -anweisungen befolgt hat. Jetzt wäre es an der Zeit, dass Bjarke eine große Forelle fängt – er scheint geradezu *ein Recht* darauf zu *haben*, wenn es überhaupt so etwas wie Gerechtigkeit gibt. Es scheint Bjarkes Recht zu sein, just in diesem Moment den großen Gewinn einzuheimsen. Aber das Glück lässt ihn im Stich, und gerade als er sich dem *What-about-me-ism* ergeben will, reißt die Angelschnur, was schlicht und ergreifend mehr als ungerecht ist, wenn man all die anderen Dinge betrachtet. Und was ist mit *mir*, was bekomme *ich*? Und nicht zuletzt, wer ist verantwortlich für mein Angelpech?

Nach der Ausschlussmethode rechnet sich Bjarke aus, dass es an ihm selbst nicht gelegen haben kann, weil er sich strikt an die Anweisungen seiner zuverlässigen und vertrauenerweckenden Quelle gehalten hat, die für einen glorreichen Fang vonnöten sind. Bjarke ist nicht religiös, und obwohl Poseidon in der antiken griechischen Mythologie einer der zwölf Götter des Olymps war – der Gott des Meeres, Sturms, des Erdbebens und der Pferde – und als einer der temperamentvollsten, launenhaftesten und gierigsten Götter angesehen wurde, scheint es trotzdem etwas weit hergeholt, Poseidon für Bjarkes Fliegenfischerfiasko die Schuld zu geben. Somit kommt der siegreiche Fliegenfischer Håkon als potenzieller Sünder in Frage. Andererseits weiß Håkon noch weniger über Bjarke als Bjarke über ihn, und es erscheint daher höchst unwahrscheinlich, dass Håkon absichtlich jemanden, den er überhaupt nicht kennt, mit einem Fluch belegt. Bleibt also nur noch die Möglichkeit, dass Mutter Erde aus unerfindlichen Gründen im Sinn hat, Bjarke das Leben schwerzumachen.

Das muss es sein – denn unmittelbar bieten sich keine anderen Erklärungen an! Mutter Erde ist schuld, und Bjarke hat nach wie vor das gleiche Recht auf einen großen Fang und damit auf das Gefühl des Triumphs wie Håkon, denn bei ansonsten gleichen Bedingungen sind sie einander ebenbürtig.

Personen oder Online-Profile, die wir noch nicht kennen oder von denen wir nicht viel wissen, werden von uns als gleichgestellt behandelt, und sei es nur, weil wir dieselben Interessen haben oder derselben Gruppe angehören. Håkon steht nur stellvertretend oder als Platzhalter für das, was Bjarke gleichermaßen zustehen könnte oder sollte. Der ständige Vergleich, die ständige Gegenüberstellung in Echtzeit über die App scheint diese Gedanken und Schlussfolgerungen nur noch zu fördern. Bjarke fühlt sich vom Forellenleben selbst ungerecht behandelt, was zu Recht seinen Ärger, seine Wut und seine Enttäuschung nährt und verdient. Ob es Mutter Natur auf ihn abgesehen hatte oder es reiner Zufall war, spielt keine Rolle, ungerecht behandelt fühlt sich Bjarke in jedem Fall.

Bjarke schließt die Möglichkeit aus, dass Håkon, obwohl sie beide gleichermaßen ambitioniert und versiert sind, nur ein geringfügig besserer Fliegenfischer als Bjarke und aus diesem Grund erfolgreicher ist. Eine solche Tatsache wird Bjarke nicht dazu berechtigen, dieselben fantastischen Erlebnisse wie Håkon zu haben, wie sie Bjarke eifrig und erwartungsvoll in Håkons Online-Threads in der App verfolgt.

Natürlich könnte es auch sein, dass Håkon einfach ein Lügner ist und damit gar nicht der triumphierende Fliegenfischer, als der er sich ausgibt. Indessen braucht Håkon gar keine vorweisbaren Erfolge, solange Bjarke nur *glaubt*, dass Håkon der große Zampano ist. Aber es reicht eben, damit Bjarke sich *What-about-me* fragt. Was auch immer an Håkons Sagen und Tun wahr oder unwahr sein mag, es reicht aus, um bei Bjarke ein Gefühl der Nichtbeachtung oder der ungerechten Behandlung zu erzeugen.

Bjarke wirft nun verzweifelt immer wieder die Angel just an der Stelle aus, an der Håkon Erfolg hatte. Doch nichts passiert. Erst nach mehreren Würfen fällt ihm auf, dass er bei all diesen letzten, eher mutlosen Versuchen gar keine Fliege an seiner Schnur hatte. Das Vorfach ist gerissen und seine tolle und selbst gebaute Fliege sitzt jetzt im Maul der Forelle. *Na prima!* Es war also nicht Mutter Natur, die es auf ihn abgesehen hatte, sondern Bjarke selbst, weil an seinem Vorfach keine Fliege war.

Viel Wind um nichts, und all dieser innere Aufruhr, dieses Jammern und Klagen, weil Bjarke in der Lage ist, sich ständig mit anderen in einer Gruppe von scheinbar Gleichseienden zu vergleichen. Gleich, indem sie zumindest das Privileg eines kostenlosen Profils auf sozialen Plattformen teilen. Einige der größten Unternehmen der Welt haben den Vergleich von Menschen und Online-Identitäten zu einem der lukrativsten Geschäfte gemacht, die die Welt je gesehen hat. Die sozialen Plattformen fischen lustig darauflos nach unserem Bedürfnis nach Gleichheit, sozialer Anerkennung und Vergleichbarkeit, unseren persönlichen Projektionen und verirrten Erwartungen, die *den What-about-me-ism* gleichermaßen stark und besorgniserregend stimulieren.

3.2 Die Selfie-Gesellschaft

> »Spieglein, Spieglein an der Wand, wer ist die Schönste im ganzen Land?«

Jeden Tag stellt die böse Königin dem Zauberspiegel die gleiche Frage, in der Hoffnung, dass dieser antwortet: »Ihr seid die Schönste von allen auf der Welt.« Im digitalen Zeitalter haben wir alle einen Zauberspiegel, den wir befragen können, und wir können unsere Schönheit und Beliebtheit mit dem Rest des Reichs vergleichen. Soziale Plattformen wie Instagram, Facebook, TikTok, Twitter und Snapchat sind eine Art Spiegel oder Börse, die unsere Beliebtheit in Form der Anzahl von Likes/Herzen, Followern, Klicks, Kommentaren und anderen Formen der »Interaktion« messen können. Der große Unterschied zwischen dem Zauberspiegel der Königin und den sozialen Plattformen ist jedoch, dass im Märchen von Schneewittchen nur die Königin allein die Antwort erhält. Auf den sozialen Plattformen ist die Antwort zumeist für das gesamte Netz sichtbar. Genau wie bei Bjarke und Håkon, wo Bjarke – freiwillig oder unfreiwillig – seinen eigenen Wert an dem von Håkon misst, der ein Forellenkönig zu sein scheint.

Soziale Plattformen sind mit Funktionen ausgestattet, die es den Benutzern leicht machen, die Beliebtheit untereinander zu vergleichen. Wenn wir einen Beitrag in unseren Profilen posten, wird bar abgerechnet in Form von messbaren Likes, Herzen und Kommentaren. Die scheinbare Beliebtheit ist für andere offensichtlich, und die algorithmische Architektur der Plattformen belohnt Inhalte mit vielen Likes, indem sie beliebte Inhalte für andere Benutzer hervorhebt.

Selfies sind ein Beispiel für eine neue kommunikative Norm, die uns in kurzer Zeit im Sturm erobert hat. Vor 10 Jahren wirkte es eher selbstverliebt, in der Öffentlichkeit Fotos von sich selbst zu machen und sie Freunden und Bekannten aus nah und fern zu zeigen – »Seht mich an!«. Heutzutage ist es ganz normal, Selfies zu machen und mit der Außenwelt zu teilen, nicht zuletzt, weil Selfies ein hervorragendes Informationsprodukt sind, um auf sozialen Plattformen Aufmerksamkeit zu schaffen. Diese Entwicklung hat sich in nur kurzer Zeit vollzogen, weil Smartphones und soziale Plattformen die optimalen Voraussetzungen für die Verbreitung von Selfies geschaffen haben. Man bedenke, dass das Wort »Selfie« erst 2013 seinen Durchbruch in der Alltagssprache errang und vom Oxford Dictionary zum Wort des Jahres gekürt wurde.

Ein Selfie ist ein messbares Produkt in einem digitalen Informationsmarkt, in dem Aufmerksamkeit die größte Ressource ist. Auf den sozialen Plattformen teilen Nutzer jeden Alters und aller Couleur Selfies, um Reaktionen zu erhalten. Das kann ein »Duckface« sein, auch als Schmoll- oder Kussmund bekannt, das die Wangenknochen stärker hervortreten lässt, ein »Fishgape«, also ein Fischmaul mit leicht geöffneten Lippen, sodass die Zähne leicht entblößt sind und ein verführerisches Signal aussenden, oder ein ganz natürliches Lächeln #ohnefilter. Es gibt eine Reihe von Standards für Selfies, die sich im Laufe der Zeit als Modephänomene entwickeln und in verschiedenen Kulturen und Subkulturen als wichtige Marker fungieren. Unabhängig von der Kultur gilt jedoch die gleiche Prämisse: Ein Selfie ist eine Art Einheit, mit dem Nutzer in einem Tauschverhältnis handeln können – und auch Politiker sind sich dessen bewusst geworden. Wenn ein Politiker beispielsweise eine politische Botschaft auf Instagram teilt, fungiert das Selfie als Anlageobjekt, das dazu beitragen kann, dass der Botschaft mehr Aufmerksamkeit von potenziellen Wählern geschenkt wird: ein persönlicher, direkter, ungefilterter »digitaler Handschlag« zwischen Politikern und ihren Wählern.

Mit dem Aufkommen der Selfie-Gesellschaft ist jeder zu seinem eigenen Medium geworden. Was früher die Bürger der Gesellschaft waren, sind heute auch die Nutzer und Verbraucher des Internets und die Akteure des Informationsmarkts. Jeder kann ein Selfie machen, jeder kann der Außenwelt von seiner eigenen Welt berichten, womit alle Zugang zum neuen Marktplatz der Ideen haben, und sei es nur, um das eigene Ich im Verhältnis zu anderen zu promoten.

3.3 Das Medium Ich

Der kanadische Medientheoretiker Marshall McLuhan (1911–1980) verkündete 1964, dass das Medium die Botschaft sei. Mit dieser famosen Aussage wollte er verdeutlichen, dass ein bestimmtes Medium das gesellschaftliche Umfeld beeinflusst und neue Umgebungen schafft. Mit dem Mobiltelefon in der Tasche und Profilen auf sozialen Plattformen sind wir in eine Ära eingetreten, in der man auch sagen könnte: Der Mensch selbst wird zum Medium. Dies trifft besonders zu, wenn man an den ursprünglichen Slogan von YouTube denkt: »Broadcast Yourself« (»Sende dich selbst«) – oder an Instagram, das in seinem Slogan »Capture and Share the World's Moments« (»Die Momente der Welt festhalten und teilen«) die eigene Perspektive als das Medium par excellence feiert. Kein Redakteur hindert dich daran, die Öffentlichkeit zu erreichen, solange du die Community-Regeln der jeweiligen Plattform befolgst. Das eigene Medium zu sein, ist auch eine Form strategischer Kommunikation, bei der der einzelne Nutzer zu einer Art Marketingberater wird. Dabei spekuliert man auf Viralität: Welche Bilder, Beiträge oder Videos ziehen die größte Aufmerksamkeit an? Ein Selfie, ein Sonnenuntergang, nackte Haut oder das Foto mit einer riesigen Forelle – was wird am meisten geteilt?

Håkon kann es. Reality-Stars wie die Kardashians können es. Influencer verdienen damit ihren Lebensunterhalt, warum sollte dann nicht auch ich in der Lage sein, mich zum Medium zu machen – denn: *Was ist mit mir?* Der Facebook-Gründer Mark Zuckerberg soll einmal gesagt haben, dass jeder Mensch zu jeder Zeit und überall soziale Bewertung und Anerkennung sucht. Das ist sehr aufschlussreich, vor allem, wenn man sich daran erinnert, dass Facebook als eine Plattform begann, auf der man – *Hot or Not* – den Attraktivitätsfaktor von Studentinnen bewerten konnte. Daraus entstand dann eine Kreuzung aus einer Dating-Site und einem Portal der Eitelkeiten – nun auch mit Nachrichten und Neuigkeiten und vielleicht bald mit einer eigenen Währung fürs Metaversum.

Wenn Menschen nie müde werden, mit anderen über sich selbst zu reden – und umgekehrt –, dann braucht es genau dies als wesentliche Geschäftsgrundlage. Diese Erkenntnis haben die sozialen Plattformen längst verinnerlicht. Man lasse die Nutzer über sich selbst sprechen. Je mehr sie sich mitteilen und je länger sie es tun, desto besser für uns als soziale Plattformen – wir kriegen letztendlich doch alles: Aufmerksamkeit, Daten, Traffic, Engagement, bewegliches Eigentum und das Urheberrecht für Videos von Kätzchen, die mit Wollknäueln spielen, und das Online-Video, das ein Nutzer darüber gepostet hat, wie man die defekte Toilettenspülung repariert.

3.4 Wer bin ich in meinem Online-Ich?

Håkon achtet sehr darauf, wie er sich selbst in seinem Profil darstellt, Politiker tun es und jeder andere, der eine Botschaft zu verkaufen hat, wobei das Medium, also mit anderen Worten die Person oder das Profil selbst, die Botschaft ist. Bei der gesamten Präsentation des »Online-Ichs« wird berücksichtigt, was andere an einem selbst interessant finden könnten. Allerdings geht es dabei nicht mehr darum, wer oder was der einzelne Nutzer eigentlich ist. Es handelt sich höchstens um eine Vorstellung davon, wie andere den einzelnen Nutzer wahrnehmen – ein idealisiertes Bild des Einzelnen, ein verstärktes, veredeltes Selbst, bei dem der Einzelne im Mittelpunkt der Beurteilung durch andere steht. Der berühmte Satz des französischen Mathematikers und Philosophen René Descartes (1596–1650) »*Cogito ergo sum*«, »Ich denke, also bin ich«, scheint im Zeitalter der sozialen Medien abgewandelt zu werden in »Ich werde gelikt, also bin ich«.

Das digitale Zeitalter hat enorme soziale Auswirkungen, weil es uns so viel leichter macht, Einblicke in das *scheinbare* Leben anderer zu gewinnen. Wir vergleichen uns mit anderen im Netz, wir spiegeln uns selbst, und dies trägt dazu bei, das *relationale Ich* zu formen, seinen Platz und sein Verhältnis zu anderen zu bestimmen, sei es zu Bekannten oder Unbekannten. Das relationale Ich wird stets vom Vergleich getragen – »Wer bin ich in Bezug auf dich und die anderen?«. In großen Netzwerken können die sozialen Auswirkungen so stark werden, dass das individuelle Subjekt in den Hintergrund tritt, während das relationale Ich, das ständig im Rampenlicht steht, »hinter die Kulissen« verwiesen wird. Hier bewertet sich der Einzelne in allem – von Meinungen über Interessen bis hin zu Beliebtheit – im Verhältnis zu anderen.

In diesem ständigen Vergleichen, das bereits Søren Kierkegaard (1813–1855) in *Entweder – Oder* von 1843 feststellte, lauert eine Gefahr. Das relationale Ich befiehlt uns, ständig eine Maske zu tragen, uns mit anderen ins Verhältnis zu setzen, uns selbst zu verlieren und zum »Nichts« zu werden.

> »Das Leben ist eine Maskerade, sagst Du, und noch ist's niemandem gelungen, in das Geheimnis Deines Wesens einzudringen; denn jede Offenbarung ist immer ein Betrug. Und fürwahr,

> Du trägst eine geheimnisvolle Maske. Du bist nämlich nichts, bist stets nur im Verhältnis zu andern, und was Du bist, das bist Du durch dieses Verhältnis.«

Wir erstellen Profile, Masken, Leben und Meinungen, um gesehen, gehört und anerkannt zu werden. Es ist eine zutiefst menschliche Eigenschaft, Anerkennung anzustreben. Auf eben dieses Bedürfnis des Menschen nach Gesehenwerden und Anerkennung bauen soziale Plattformen auf, auf denen alle Nutzer zu Investoren an der großen, globalen Aufmerksamkeitsbörse werden, zu der Influencer, Politiker, Unternehmen, Zivilgesellschaft, Bürger, Nutzer und natürlich auch ich gehören. Soziale Plattformen funktionieren (und haben das zu einem außerordentlich lukrativen Geschäft gemacht), indem sie mit unserer Erwartung spielen, dass wir uns einen Gewinn von anderen da draußen erwarten können. Also fragen wir immer wieder über unser Megaphon in die Welt hinaus: Reden wir nicht von mir. Was ist mit dir? Was hältst du von mir?

Wenn du ständig und systematisch ins Megaphon brüllst: »Hier bin ich, schaut her, schenkt mir Aufmerksamkeit«, dann fördert dies geradewegs die wesentlichen Züge der *narzisstischen Persönlichkeitsstruktur* zu Tage. Auf sundhed.dk ist folgende Definition zu finden:

- Solche Personen sind extrem von sich selbst eingenommen.
- Sie sind ausbeuterisch, haben Vorstellungen von ihrer eigenen Größe, haben kein Einfühlungsvermögen (Empathie) und werten andere generell ab.
- Sie übertreiben ihre eigenen Leistungen und ihre Bedeutung. Sie erwarten von anderen, dass sie sie als etwas ganz Besonderes anerkennen.

- Sie wählen ihre Freunde sehr sorgfältig aus, weil sie glauben, dass nicht jeder Beliebige ihrer Freundschaft würdig ist.
- Sie sind sehr darauf bedacht, einen guten ersten Eindruck zu hinterlassen, haben aber Schwierigkeiten, langfristige Freundschaften oder Beziehungen aufrechtzuerhalten.
- Sie interessieren sich in der Regel nicht für die Gefühle anderer und nutzen andere gerne aus.[2]

Einige der Schlüsselmerkmale, die die narzisstische Persönlichkeitsstruktur charakterisieren, scheinen im Wesentlichen – und nicht überraschend – auch die *What-about-me*-Lebenshaltung zu charakterisieren. Dies gilt zum Beispiel, wenn der *What-about-me-ism* spieltheoretisch bestimmt wird, wie im vorherigen Kapitel, und sich auch als moralphilosophisch geltend erweist, worum es im nächsten Kapitel geht.

-04- *What-about-me* in der Moralphilosophie

Die Moralphilosophie, die hinter der *What-about-me*-Haltung steckt, erweist sich als eine ziemlich pervertierte moralische Position. Sie stellt die Ideen des deutschen Philosophen Immanuel Kant auf den Kopf und mischt sie mit Elementen des ethischen Egoismus. Wenn der Ausübende dann Erwartungen an die anderen stellt, die andere erfüllen müssen, wird deutlich, dass der einzelne Anwender von *What-about-me-ism* systematisch von der moralischen Verantwortung befreit werden kann. Dies setzt jedoch voraus, dass alle Beteiligten einer säkularen Version des so genannten Theodizee-Arguments zustimmen. Es handelt sich dabei um eine neue, noch nie dagewesene und nicht einmal charakterisierte Position in der Moralphilosophie – was es nicht minder interessant macht, diese Position genauer zu untersuchen.

4.1 Kann nicht Kant sein

Fragt man einen Durchschnittsmenschen, ob er sich selbst als selbstbestimmt, mündig und verantwortungsvoll mit einer guten Portion Autonomie betrachtet, wird die Standardantwort für die meisten wohl ein bestätigendes »Ja« sein: Im Großen und Ganzen bin ich eigenständig, frei und verantwortungsvoll, treffe qualifiziert kleine und große Entscheidungen, sei es beim Kauf meiner nächsten Kühltruhe oder beim Kreuzchen auf dem Stimmzettel zur bevorstehenden Parlamentswahl. Man kann andere Menschen mit vielen Dingen verärgern, doch ein Angriff auf deren Autonomie und Selbstbestimmung wird sie bis ins Mark erschüttern und zur Weißglut treiben.

Möglicherweise sind wir von Natur aus keine moralischen Wesen, aber wir sind in der Lage, moralische Rahmenbedingungen zu formulieren, die festlegen, wie wir in ethischen Angelegenheiten handeln sollten, und genau dafür werden normative Moraltheorien in die Welt gesetzt – einschließlich derer von Kant.

Würde, Autonomie, Verantwortung und Reflexion sind die Grundsteine der Moralphilosophie, die der deutsche Philosoph Immanuel Kant (1724–1804) formulierte. Als einer der größten Denker der Aufklärung war Kant der Überzeugung, dass die Moral des Menschen an der Girlande der Vernunft hängt. Er brachte die Idee ins öffentliche Bewusstsein, dass alle Menschen gleich sind und eine angeborene Würde besitzen, einfach weil sie moralische Wesen sind – und dass nur der Mensch diese Qualität hat. Diese Würde hat ethische Implikationen. Was Kant als den »transzendentalen Kern« des Menschen bezeichnet, verleiht dem Menschen einen bedingungslosen und immanenten Wert, und wir als Menschen sollten einander entsprechend behandeln.

Noch heute haben diese philosophischen Ideen und Ideale großen Einfluss auf unser gemeinsames Verständnis davon, wie die Welt gestaltet werden sollte. So heißt es beispielsweise in Artikel 1 der Allgemeinen Erklärung der Menschenrechte der Vereinten Nationen:

> »Alle Menschen sind frei und gleich an Würde und Rechten geboren. Sie sind mit Vernunft und Gewissen begabt und sollen einander im Geist der Brüderlichkeit begegnen.«[3]

Dieser erste Artikel trägt eine sehr starke kantianische Inspiration – und das aus guten Gründen. Würde, intrinsischer Wert und moralische Verpflichtung sollen uns deutlich machen, dass jede individuelle Entscheidung, die ethische Implikationen hat, so verallgemeinert werden muss, dass sie für alle Menschen gelten kann. Wenn sich ein Individuum entscheidet, einem anderen gegenüber respektvoll zu handeln, muss es den Wunsch haben, dass diese Art des Handelns auf alle anderen ausgedehnt werden kann. Genau auf diese Weise wird der »Geist der Brüderlichkeit« eingepflanzt und gepflegt: Wenn ich mich an einen bestimmten Verhaltenskodex halte, muss ich sowohl wünschen als auch wollen, dass er für alle anderen ebenfalls gilt – das macht uns als Menschen zu gleichen Brüdern und Schwestern. Wenn ich das nicht kann, darf ich eben diese Handlungen nicht verfolgen. So lautet mehr oder weniger die Botschaft von Kants berühmtem kategorischen Imperativ, einer der wichtigsten Grundannahmen seiner Moralphilosophie.

> *Kants kategorischer Imperativ*
> »Handle nur nach derjenigen Maxime, durch die du zugleich wollen kannst, dass sie ein allgemeines Gesetz werde!«[4]

Es wäre ein verlockender Gedanke, dass all dieses Reden von Würde, Autonomie, Selbstbestimmung und Ausrichtung auf die individuelle Integrität, wonach man sich nicht ausnutzen lässt, aber vermutlich immer das Richtige will, den nahezu perfekten Ausgangspunkt für die Bestimmung des moralischen Fundaments von *What-about-me-ism* bildet. Aber letzten Endes ist die *What-about-me*-Haltung genau das Gegenteil von Kants kategorischem Imperativ: Wer nach dem *What-about-me*-Prinzip handelt, legt sein Verhalten darauf an, dass andere seine Erwartungen zu erfüllen haben:

> *Der **What-about-me**-Imperativ*
> »Handle nur nach derjenigen Maxime, durch die du zugleich wollen kannst, dass alle anderen deine Erwartungen erfüllen!«

Wer *What-about-me-ism* praktiziert, fühlt sich moralisch nicht verantwortlich. Vielmehr liegt es in der Verantwortung des Umfelds, die Erwartungen des Ausübenden zu erfüllen, denn bei *What-about-me-ism* wird implizit davon ausgegangen, dass das »Ich« weiß, was für alle das Beste ist. Werden die eigenen Erwartungen also nicht erfüllt, ist dies letztlich die Schuld anderer und damit deren mögliches moralisches Dilemma. Und das ist meilenweit entfernt von Kants ursprünglichen Ideen. Wie es möglich ist, sich von moralischer Verantwortung freizumachen, werde ich in Kürze zeigen. Hierfür braucht es jedoch ein etwas ausschweifendes Argument, das auf einigen zuerst zu behandelnden Voraussetzungen fußt.

Nach Kants Moralphilosophie müssen wir verstehen, dass für eine weiterhin intakte Brüderlichkeit und Schwesterlichkeit der Mensch immer als Zweck und niemals als Mittel zum Zweck eines anderen behandelt werden muss – der Mensch ist also an sich ein Zweck.

Kants Menschheitsformel
»Handle so, daß du die Menschheit sowohl in deiner Person, als auch in der Person eines jeden anderen jederzeit zugleich als Zweck, niemals bloß als Mittel brauchest.«[5]

Kants Menschheitsformel liegt auch der *Allgemeinen Erklärung der Menschenrechte der Vereinten Nationen*, Artikel 4, zu Grunde, in dem es heißt:

»Niemand darf in Sklaverei oder Leibeigenschaft gehalten werden; Sklaverei und Sklavenhandel in allen ihren Formen sind verboten.«[6]

Aber bei *What-about-me-ism* können andere sehr wohl in – wenn nicht Sklaverei, so doch – Leibeigenschaft gehalten werden, solange dies für die Erfüllung der Erwartungen des Ausübenden vorteilhaft ist. Eine Erfüllung, für die alle anderen in die Welt gesetzt wurden, und das heißt, dass die moralische Verantwortung bei allen anderen liegt, denn wer nach *What-about-me-ism* handelt, bleibt wiederum durchgängig davon befreit.

Die What-about-me-Menschheitsformel
»Handle so, dass du die Menschheit in Person eines jeden anderen als alleiniges Mittel für deine Zwecke brauchst.«

Es kann also nicht Kant sein, der für die moralphilosophische Grundlage von *What-about-me-ism* Pate stand. Hierfür muss es ein Modell geben, das weitaus egozentrischer und eigennütziger ist. Bei dem es moralisch legitim ist, andere Menschen von Zeit zu Zeit oder, wenn nötig, jederzeit als Mittel zu betrachten. Denn das ist notwendig bei *What-about-me-ism*, wo die eigenen Erwartungen und Ziele von anderen erfüllt werden müssen, in einem Leben, das als *What-about-me*-Spiel definiert ist.

4.2 Pervertierter Egoismus

Dass Menschen in selbstsüchtig und ausgesprochen eigennützig erscheinender Weise handeln können, ist nicht neu, und *psychologischer Egoismus* wurde als Theorie bereits vom englischen Philosophen, Ökonomen und politischen Reformator Jeremy Bentham (1748–1832) formuliert:

> »Bei jeder Handlung wird jeder Mensch dazu gebracht, ein solches Verhalten an den Tag zu legen, das seiner Ansicht nach zu diesem Zeitpunkt zu seinem größten Glück beitragen wird.«[7]

Denn jeder verfolgt nur *ein* Ziel – das eigene Glück, das eigene Wohlergehen, den eigenen Nutzen, das eigene Interesse.[8] Als Menschen trachten wir danach, zu maximieren, was das Beste für uns ist. Nur weil Bentham psychologischen Egoismus charakterisiert, bedeutet das nicht, dass er ein Befürworter dieses Denkens ist. Laut Bentham ist psychologischer Egoismus lediglich eine deskriptive Position, die einen *Modus Operandi* für Menschen beschreibt, keinen normativen Standpunkt, der vorschreibt, wie sich Menschen moralisch verhalten sollten.

Der ethische Egoismus führt den psychologischen Egoismus einen Schritt weiter, indem man nach dem ethischen Egoismus eine Handlung moralisch vollziehen *sollte*, sofern diese Handlung das Eigeninteresse und deren Erfolg maximiert. Die Maximierung des Eigeninteresses und der erwartete Erfolg, typischerweise in Form von Glück, bilden die einzigen moralischen Pflichten des Menschen.

Ethischer Egoismus erscheint unmittelbar als passenderer theoretischer Ausgangspunkt für die *What-about-me*-Lebenshaltung. In der kantianischen Ethik ist es eine Grundbedingung, dass Menschen als moralische Wesen auch die Interessen anderer schätzen. Diese Bedingung tritt nicht direkt im ethischen Egoismus auf, kann aber tatsächlich als abgeleiteter Effekt vorkommen. Um bestimmte Vorteile wie Schutz, sogar Freundschaft und Liebe zu erlangen, kann es kaum sinnvoll sein, so zu tun, als ob die Interessen anderer überhaupt nicht zählen würden. Es besteht jedoch eine hohe Wahrscheinlichkeit, dass diese anderen sich nicht die Mühe machen würden, mit einem zusammenzuarbeiten, weshalb diese Vorteile in weite Ferne rücken werden. Ständig Versprechen zu brechen, wann immer es dem Eigennutzen zugutekommt, wird vermutlich über einige Zeit hinweg dazu führen, dass niemand mehr deinen Versprechen vertraut und daher nicht mit dir zusammenarbeiten will oder, noch schlimmer, im Zorn über die Enttäuschung zum Angriff übergeht. Daher kann der Versuch, kurzfristig den Eigennutzen zu maximieren, bedeuten, dass man sich langfristig alles verbaut. Es kommt dem ethischen Egoisten daher am ehesten zugute, es zumindest so erscheinen zu lassen, als ob von Zeit zu Zeit auch die Interessen anderer Gewicht haben. Im Prinzip können viele der Pflichten, mit denen andere Moraltheorien operieren, auch abgeleitet im ethischen Egoismus auftauchen. Selbst ein ethischer Egoist kann moralische Verantwortung übernehmen und Pflichten erfüllen, und sei es nur, weil dies im eigenen Interesse der Person sein kann.

Hierin besteht ein Wesensunterschied zwischen ethischem Egoismus und der *What-about-me*-Lebenseinstellung: Während der ethische Egoist zu der Erkenntnis gelangen kann, dass es durchaus in seinem eigenen Interesse sein kann, so zu handeln, als ob auch die Interessen anderer Gewicht haben, in der Hoffnung, im Laufe der Zeit bestimmte Vorteile oder Erfolge zu erlangen, lehnt *What-about-me-ism* diese Prämisse völlig ab. Wer nach *What-about-me-ism* handelt, will alles auf einmal: die Vorteile einer Zusammenarbeit, ohne dass die Interessen anderer von Belang wären, denn als Ausübender ist man davon überzeugt zu wissen, was sowohl für einen selbst als auch für andere am besten ist – nämlich seinen eigenen Willen durchzusetzen, während die anderen systematisch in jedem Fall nachgeben.

Um diese pervertierte moralphilosophische Position zu erfassen, hilft es, sich zunächst die ins Gegenteil verkehrte *What-about-me*-Version von Kants kategorischem Imperativ ins Gedächtnis zu rufen: *»Handle nur nach derjenigen Maxime, durch die du zugleich wollen kannst, dass alle anderen deine Erwartungen erfüllen!«*

Frage:

- Warum in aller Welt sollten sich andere darauf einlassen, meine Erwartungen zu erfüllen? Oder anders ausgedrückt:
- Warum sollten andere das Nash-Gleichgewicht in reinen Strategien akzeptieren, bei dem sie nachgeben und man bekommt, was man will (genau wie Leos und Saschas *What-about-me*-Spiel in der Paarbeziehung)? Oder anders ausgedrückt:
- Warum meint man, dass nachgeben immer im besten Interesse des anderen ist?

Die simple Antwort lautet:

- dass man als *What-about-me*-Ausübender der Überzeugung ist, einfach viel besser als jeder andere zu wissen,
- wie man für Glückseligkeit sorgt und, genauso wichtig, Schmerz und Leid für sich und andere vermeidet, wobei es keine Rolle spielt, ob die anderen glauben, dass es so ist, oder nicht.

So ist es eben. Es gibt sogar ein altes religiöses und philosophisches Argument, das diesen Gedankengang ganz vortrefflich stützen kann, um möglichen moralischen Zweifeln zu entgehen. Dieses Argument folgt jetzt.

4.3 Du erntest, was du säst

Der pessimistische deutsche Philosoph Arthur Schopenhauer (1788–1860) hatte ein unangenehm scharfes Auge für den Menschen als wahren Meister in der Kunst des Leidens. Für ihn ist unser ganzes Leben ein langes Leiden in verschiedenen Formen. Leiden kann man in vielfältiger Weise, von nonbasalem körperlichem Schmerz und Qualen, Durst, Hunger, Krankheit und Armut über mangelnde Anerkennung, Angst, Entfremdung und Entwurzelung bis hin zu sozialer oder politischer Ausgrenzung und Stigmatisierung und so weiter. Das Leiden nimmt viele Formen an, und die Frage »Warum leide ich?« ist eine grundlegende existenzielle Frage, die immer wieder gestellt wird, seitdem Hiob dies im *Buch Hiob* im *Alten Testament* tat.

Hiobs Geschichte ist eine Leidensgeschichte, in der der unschuldige Hiob von einer Katastrophe nach der anderen heimgesucht wird, weil Gott und der Teufel gewettet haben, inwieweit Hiob trotz massiver existenzieller Schicksalsschläge seinen Gottesglauben behält. Hiobs Freunde, die diese Bezeichnung nicht wirklich verdienen, sind jedoch fest davon überzeugt, dass Hiob gesündigt haben *muss*, sonst würde er nicht vom Leiden heimgesucht werden. In ihren Augen ist alles Leiden die Strafe Gottes für begangene Sünden und, weil Gott die Gerechtigkeit selbst ist, eine gerechte Strafe:

> »Wohl aber habe ich gesehen: Die da Frevel pflügten und Unheil säten, ernteten es auch ein.«
> (Hiob: 4.8)

Sie meinen daher, dass Hiob zwingend schuldig sein muss, es aber vielleicht selbst vergessen hat, denn man erntet schließlich, was man sät.

Diese Antwort war bis zur Moderne die Standardantwort der Religion: Hat dich die Pest getroffen? Du musst gesündigt haben. Ein Erdbeben? Gottes Strafe! Es soll dir eine Lehre sein. Diese Art von Erklärungen für das Leiden gibt es in der philosophischen und theologischen *Theodizee*-Tradition zuhauf, die Gott als gleichermaßen gut und allmächtig verteidigt, obwohl es in der Welt Leiden gibt. Das Wort »Theodizee« setzt sich aus dem Griechischen *theós* = Gott und *díkē* = Gerechtigkeit zusammen. Der Begriff wurde vom Philosophen Leibniz (1646–1716) geprägt, der zur traditionellen religiösen Erklärung von Leiden als Strafe philosophisch hinzufügt, dass Leiden ein notwendiges Übel in der besten aller möglichen Welten ist.[9] Dass der Mensch dies nicht erkennen kann, liegt an unserer beschränkten Perspektive: Gott kann es aber. Und die Wege des Herrn sind unergründlich.

Der französische Philosoph, Schriftsteller und Gesellschaftskritiker Voltaire (1694–1778) schrieb satirisch über die Auffassung von Leiden als verdientes oder notwendiges Übel in dem Werk *Candide oder der Optimismus*. Für Voltaire ist es eine Verhöhnung der Leidenden, zu verkünden, dass es ihre eigene Schuld ist oder dass Leiden eine notwendige Zutat in der bestmöglichen Welt ist: Es reicht offensichtlich nicht aus, dass man leidet, man muss auch noch darunter leiden, dass es die eigene Schuld ist, oder man muss sein Leiden – und das anderer – als Bausteine der Harmonie des Universums akzeptieren. Der russische Schriftsteller Fjodor Dostojewski (1821–1881) zeigt in seinem Roman *Die Brüder Karamasow* eine Romanfigur namens Iwan Karamasow, der die Erlösung aus genau diesem Grund ablehnt: Wenn das Leiden, vor allem von Kindern, für die Erlösung und Harmonie des Ganzen notwendig ist, dann hat der Fahrschein ins Paradies für Iwan einen zu hohen Preis und ist dankend abzulehnen.

Obwohl die großen religiösen Theodizee-Erklärungen aus der Mode gekommen sind, ohne jedoch aus fundamentalistischeren Kreisen verschwunden zu sein, lebt die Erklärungsstruktur selbst weiter, ist säkularisiert worden und hat ihren Weg in Politik und Wirtschaft gefunden. Die Geschichten, die man Menschen am unteren Ende der Einkommensskala aufgetischt hat oder denen, die durch Globalisierung, Rationalisierung und Automatisierung ihre Arbeit verloren haben, erinnern im Grunde an die traditionellen Theodizee-Erklärungen. Hier einige Beispiele aus jüngster Zeit in leicht karikierter Form:

Du leidest (zum Beispiel durch den Verlust der Arbeit), weil

- du nicht anpassungsfähig genug für den globalisierten Markt bist,
- du keine brauchbare Ausbildung hast oder

- du nicht mehr wert bist als der »*Sack der hoffnungslosen Verlierer*«, wie Hillary Clinton 2016 einen guten Teil von Trumps Wählerbasis betitelte.[10]

Im Großen und Ganzen hast du die Situation verdient, in der du dich befindest: *Man erntet, was man sät.* Auch wenn du zu denen gehörst, die gerade ihren Arbeitsplatz verloren haben, ist Globalisierung perspektivisch gesehen für Wirtschaft und Wachstum das Beste, ob es dir gefällt oder nicht. Deine Arbeitslosigkeit ist ein notwendiges Übel in dem »besten aller möglichen Wirtschaftssysteme«, weshalb sie nur aus deiner beschränkten Perspektive heraus düster aussieht. Aus einer Gesamtbetrachtung der Wirtschaft ist Globalisierung gut für alle und schafft Wachstum, Arbeitsplätze und Fortschritt …

Im besten aller möglichen Wirtschaftssysteme wird der Einzelne entsprechend seinem Beitrag zur Gesellschaft und seinen Verdiensten belohnt. Der Markt ist rational, weil die Belohnung proportional zur Initiative und Einsatzbereitschaft des Einzelnen ist. Einkommen entspricht Produktivität, was wiederum dem entspricht, was der Gesellschaft nützt. Die Reichen und die Armen ernten, was sie säen. Die zunehmende Ungleichheit und die Stagnation der Reallöhne in der Mittelschicht sind aus diesem Grund nichts anderes als die Manifestation einer höheren Gerechtigkeit. Schließlich gibt es »gerechte Wüsten«, wie es Gregory Mankiw, amerikanischer Makroökonom und Professor an der Harvard University, ausdrückte.[11]

4.4 Das Buch Hiob ist Saschas Handbuch

What-about-me-ism als Moraltheorie kann denselben Theodizee-inspirierten säkularen Erklärungsrahmen verwenden, um zu rechtfertigen, warum ihre Akteure immer haben müssen, was sie wollen. Wenn Sascha der Überzeugung ist,

- dass das Leben *als What-about-me-Spiel manipuliert* wurde,
- bei dem *Leo ständig nachgeben muss* gegenüber Sascha, indem er*sie *Saschas Erwartungen erfüllt,*
- was ein *Nash-Gleichgewicht in reinen Strategien* erzwingt, in dem *Sascha seinen*ihren Willen* erhält,
- dann ist das einfach nur *gerecht* – genauso wie Gott in den traditionellen Theodizee-Versionen –, weil *Sascha einfach besser weiß,* wie
- *Sascha und Leo Glück erreichen und Schmerz und Leid vermeiden* in ihrer Paarbeziehung (und in den anderen Angelegenheiten des Lebens im Allgemeinen).

Es kann durchaus sein, dass Leo es als Tyrannei erlebt, aber das ist es nur aus der beschränkten Perspektive des unterworfenen Subjekts. In Wirklichkeit sind Saschas Erwartungen, die von Leo einzulösen sind, ein notwendiges Übel in der besten aller möglichen Welten. Wenn Leo die Situation aus Saschas privilegiertem Blickwinkel sehen könnte, wäre überdeutlich zu erkennen, dass der einzige und beste Weg für alle ist, dass Sascha seinen*ihren Willen bekommt.

Das Theodizee-Argument bedeutet auch, dass Leo sowohl die Schuld des Sünders als auch die moralische Verantwortung trägt, wenn in der Beziehung etwas schiefläuft. Denn man erntet, was man sät. Sascha ist moralisch freigesprochen. In der privilegierten Position zu sein, am besten zu wissen, was für alle das Beste ist und wie es am besten erreicht werden kann (nämlich indem Saschas Erwartungen erfüllt werden), entbindet Sascha gleichzeitig auch von moralischer Verantwortung, wenn etwas oder alles scheitert. Dies ist die Folge der säkularen Version von Theodizee. Du würdest bei Katastrophen Gott ja auch nicht die moralische Schuld geben, denn Gott ist unendlich gut und allmächtig, auch wenn es in der Welt Leiden zu geben scheint. Das Gleiche gilt für Leo und Sascha und auch für dich und mich, wenn wir uns auf das *What-about-me*-Spiel einlassen.

Was als das Beste für alle betrachtet wird, ergibt sich aus der Situation oder dem Kontext. Das bedeutet, dass es ein gewisses Element der *Willkür* in dem gibt, was als das Beste für alle angesehen wird, selbst wenn man der ausübende Part von *What-about-me-ism* ist. Ich zum Beispiel habe keine Sommerresidenz. Doch ich bin mir sicher, dass ich in kürzester Zeit ein schlagkräftiges, besserwisserisches Argument finden könnte, das beweist, dass es für alle das Beste ist, kein Sommerrefugium zu besitzen: Es wäre doch viel bereichernder, erfüllender und horizonterweiternder, die Welt aus einem Wohnmobil heraus zu erleben, als in einem Ferienhaus festzusitzen. Oder ich könnte das umgekehrte Argument vorbringen: Ein Ferienhaus zu besitzen, ist besser für die Umwelt, man hat Zeit für Besinnung und Ruhe – und kann passenderweise gleichzeitig über all das nachdenken, was man nicht braucht, während man reich an Geist und Seele ist. Und hätte ich mir jetzt ein Ferienhaus leisten können, würde es mich mit großer Freude und Zufriedenheit erfüllen, zu wissen, dass sich die Investition vom letzten Jahr aufgrund des gestiegenen Grundstückswerts bereits rentiert hat. Alle sollten eine solche Möglichkeit haben, zumindest Leute wie ich. Und warum habe ich sie dann nicht? In diesem neuen Kontext wird das »Beste für alle« im Vergleich zum vorherigen Kontext auf den Kopf gestellt: vom Nichtbesitzen zum Besitzen einer Sommerresidenz am See mit zwei

Wintergärten, einem Springbrunnen und einem Teich mit Koi-Karpfen.

Was auch immer für die Gruppe insgesamt das Beste ist, wird vom *What-about-me*-Akteur festgelegt. Dieser möchte zwar alle Vorteile der Zusammenarbeit genießen, doch trägt er nichts zur Verwirklichung dessen bei, was scheinbar für alle das Beste ist. Indem er sich stets das »Aufschlagrecht« vorbehält und die Frage *Was ist mit mir?* stellt, wird das, was als »das Beste für alle« gilt, immer zum eigenen Vorteil ausfallen – selbst wenn andere dabei benachteiligt werden. Es kann zwar auch für andere von Vorteil sein, muss es aber nicht. *What-about-me-ism* trägt Züge von dem, was im Englischen als *Gaslighting* bezeichnet wird: eine Art Rauchschleier aus persönlichen Erwartungen, mit dem andere überzogen werden und der bei ihnen den Anschein erweckt, als wäre die Erfüllung dieser Erwartungen erstrebenswert und gesellschaftlich vorteilhaft für alle. In Wahrheit aber dient sie ausschließlich dem pervertierten Egoismus desjenigen, der die Erwartungen hat. Und die anderen? Sie tragen die moralische Last, wenn es falsch ausgeht. Das ist Magie am helllichten Tag, rein moralisch.

-05-
Vorahnungen

What-about-me-ism ist nicht immer auf den ersten Blick erkennbar, wenn es auftritt. Oft verbirgt es sich hinter dem, was als das Beste für alle erscheinen soll – definiert und diktiert von demjenigen, der es scheinbar besser weiß und dies mit einer gewissen Überheblichkeit zur Schau stellt. Doch gibt es Anzeichen, auf die man achten kann, wenn ein *What-about-me*-Akteur versucht, einen berechnenden Rauchschleier auszubreiten und Erwartungen zu schüren, um die möglichen Ergebnisse zu steuern und die Situation zu kontrollieren. Wer diese Warnsignale erkennt, kann sich rechtzeitig in eine sichere Entfernung bringen.

5.1 Warnsignale

Wenn soziale Plattformen den *What-about-me-ism* längst erkannt und es schnell zu einem integralen Bestandteil ihres Geschäftsmodells gemacht haben, warum sollten wir es dann nicht auch sehen können?

Klingt der folgende Wortwechsel zwischen Leo und Sascha irgendwie vertraut?

Leo (schniefend): »Ich habe mich erkältet. Ich gehe fix zur Apotheke und hole mir Nasenspray. Bis gleich ...«

Sascha: »Hey, warte mal kurz. Wenn du sowieso loswillst, kannst du doch schnell noch beim Baumarkt vorbeifahren und die beiden Leisten für die neue Küche besorgen. Und falls sie sie dort nicht haben sollten, kannst du es ja in der neuen Filiale am Autobahnkreuz versuchen. Daaaankeschön ...«

Leo hatte verständlicherweise aufgrund seiner*ihrer Erkältung ursprünglich nicht vor, zum Baumarkt zu fahren. Doch Sascha gelingt es, eine Erwartung zu formulieren, die nun erfüllt werden muss. Wenn Leo sowieso unterwegs ist, kann er*sie doch gleich die Leisten für die Küche mitbringen. Und falls er*sie sie an einem Ort nicht finden sollte, wird es sie sicher auch woanders geben – wenn auch weiter entfernt. Mit dieser ausgesprochenen Erwartung ändert sich das Ziel der Mission erheblich: Es geht nicht mehr hauptsächlich um das Nasenspray für Leo, der*die krank ist, sondern um Saschas Leisten für die Küche. Stillschweigend wird ein neuer Vertrag geschlossen, und das wissen beide. Für den Erfolg der Mission im Sinne von Sascha reicht es nun aus, die Leisten zu besorgen – unabhängig davon, ob die pharmazeutischen Produkte zur Bekämpfung der erkältungsbedingt verstopften Nase von Leo ebenfalls beschafft werden. Sollte die Mission jedoch scheitern, liegt die Verantwortung nun bei Leo.

Während das Nasenspray für Leos Wohlbefinden sorgen soll, sorgen die beiden Leisten für die Küche dafür, dass die Mission aus Saschas Perspektive erfolgreich wird. Streng genommen wird dies von Sascha nicht direkt ausgesprochen, sondern im Gesagten impliziert. Man nennt dies eine Implikatur – etwas, das der Redner vorschlägt oder das im Gesagten enthalten ist, ohne es buchstäblich auszusprechen. Um eine *What-about-me*-Weltanschauung zu erkennen, kann es entscheidend sein, genau auf das zu hören, was gesagt wird, und nicht zuletzt darauf, was aus dem, was tatsächlich ausgesprochen wird, zu folgen scheint.

Von Zeit zu Zeit kommt eine *What-about-me*-Haltung in bestimmten Fragen oder Redewendungen zum Vorschein, und ein Wortwechsel wie der zwischen Sascha und Leo kann ein Warnsignal für eine *What-about-me*-Haltung darstellen.

Manchmal ist es einfach zu durchschauen, manchmal schwieriger:

- »Siehst du nicht, dass …?«
- »Stimmst du mir nicht zu, dass …?«
- »Denkst du nicht, dass …?«
- »Andere finden/denken …, warum also nicht auch du …?«
- »Hast du ihnen nicht auch gesagt, dass …?«
- »Ich erwarte, dass du …«
- »Ich würde mir wünschen, dass du (nicht) …«
- »Ich verstehe nicht, dass du …«
- »Ich bin sehr enttäuscht, wenn du nicht …«
- »Ich finde, du solltest …«
- »Wenn ich du wäre, würde ich …«
- …
- »Nun, jetzt sind Sie an der Reihe, die Liste zu vervollständigen … (Sonst bin ich als Autor enttäuscht, weil ich weiß, was hier das Beste für mich … und Sie ist.)«

Ein Sprechakt ist eine Äußerung, bei der die Absicht des Senders und mögliche Auswirkungen auf den Empfänger die bestimmenden Merkmale sind. Sprechakte dienen ihrem Zweck, wenn sie ausgesprochen oder kommuniziert werden, wie etwa, wenn bei der Taufe »Ich taufe dich Leo« verkündet wird, oder bei dem Satz »Sascha, ich entschuldige mich für mein Auftreten«, in dem die Entschuldigung eben darin liegt, Entschuldigung zu sagen. Wenn Sascha nun sagen würde: »Ich erwarte, dass DU die Leisten holst«, liegt darin eine Aufforderung zum Besuch des Baumarkts, aber stillschweigend auch, dass Konsequenzen zu erwarten sind, wenn man mit leeren Händen, das heißt ohne Leisten, zurückkommt.

Wörter sind somit nicht nur Träger von Information, sondern können unter bestimmten Bedingungen auch zur Ausführung von Handlungen benutzt werden. Der Redner möchte zum Handeln auffordern – von Apathie zu Verwirrung, von Mobilisierung zu Zwecksetzung. Sprechakte können aus einer Vielzahl von Aussagen bestehen, wie zum Beispiel Entschuldigungen, Grüße, Einladungen, Versprechen, Anfragen oder Warnungen. Was als *illokutionärer* Effekt bezeichnet wird, ist die Wirkung eines Sprechaktes, indem seine Empfänger den Bedeutungsinhalt verstanden haben. Der *perlokutionäre* Sprechakt bezieht sich auf die Folgen oder Wirkungen (zum Beispiel Warnung, Anregung oder Überzeugung), die der Sprechakt haben kann. Genau deshalb ist es wichtig, auf bestimmte Sprechakte als Warnsignale für *What-about-me-ism* zu achten.

Der Liste der oben genannten Fragen und Wendungen ist gemeinsam, dass sie alle als *Sprechakte mit einem besonderen beabsichtigten perlokutionären Effekt* betrachtet werden können. Der Sender hat die Absicht, die Situation zu kontrollieren, und erreicht dies, indem er

- beim Empfänger Unsicherheit darüber erzeugt, ob dieser das Richtige getan hat;

- möglicherweise sogar Verwirrung über das Ziel oder die Zielgruppe des Sprechakts stiftet
- oder direkt falsche Aussagen darüber trifft, was rechtmäßig zu tun ist.

Alle drei Punkte können auf ganz eigene und unmerkliche Weise den beziehungsweise die Gesprächspartner dazu bringen, die eigene Wahrnehmung, Entscheidung oder Handlung in der Situation in Frage zu stellen.

Das kann so weit gehen, dass sich die Zielperson – ob es sich nun um Partner, Familienmitglieder, Kollegen, Freunde oder sogar Feinde handelt – so unsicher über ihre eigene Wahrnehmung der Situation fühlt, dass sie anfängt zu überlegen, ob sie etwas Wichtiges übersehen hat oder einfach im Begriff ist, völlig verrückt zu werden. Pures *Gaslighting*.

5.2 Gedämpftes Licht

Gaslighting ist eine unangenehme Form von emotionalem Missbrauch und psychologischer Manipulation einer anderen Person, in der Regel über einen längeren Zeitraum. Der Missbrauch bringt das Opfer dazu, an der eigenen Integrität, dem eigenen Urteilsvermögen, den eigenen Erfahrungen und seiner Wahrnehmung der Realität zu zweifeln. Dies kann Verwirrung stiften, Angst erzeugen, den Verlust von Selbstwert und Selbstvertrauen verursachen und Unsicherheit in Bezug auf das eigene geistige Wohlbefinden schaffen, oft ergänzt durch eine sklavische Abhängigkeit vom Täter. Die schlimmsten Täter sind oft entweder Lügner aus Vergnügen oder direkt pathologische Lügner, die nie aufgeben, selbst wenn ihre Unwahrheiten aufgedeckt werden oder ihre Täuschungen ans Licht kommen. Es müssen nicht immer Lügen sein, auch Bullshit, erfundene Geschichten oder Fake News können die Wahrheit verzerren und versuchsweise eine alternative Realität schaffen, in der das Opfer anfängt, an sich selbst zu zweifeln. Beispiel: Gerüchte und Klatsch über mich und was andere in meinem Umfeld angeblich von mir halten, können vom Täter in die Welt gesetzt worden sein, um meine Gedanken und Gefühle als fehlgeleitete Überreaktionen zu diskreditieren, abzulenken oder zu bagatellisieren und mich entweder als überempfindlich, völlig neben der Spur oder schlichtweg verrückt hinzustellen. Neben der konsequenten Ablehnung, etwas Falsches getan zu haben, um keine Verantwortung übernehmen zu müssen, ist eine häufig angewendete Gaslighting-Strategie, zu versuchen, die Schuld auf andere oder auf etwas anderes zu schieben.

Wenn Leo und Sascha vor einem tiefsinnigen Gespräch darüber gestanden hätten, warum Leo mit Nasenspray und ohne Leisten zurückkehrt, spräche einiges dafür, dass die Diskussion schon bald auf eine derart schiefe Bahn gelangt wäre, wonach die Schuld für den Misserfolg der Mission bei Leo zu suchen ist. Selbst wenn Leo ins Feld führen würde, welche emotionalen Auswirkungen Saschas Reaktion auf ihn*sie hat, könnte es sich sehr bald so darstellen, dass es tatsächlich Leos Schuld ist, dass Sascha so unangenehm reagiert. Und obwohl der Streit diesmal begraben wurde, könnte er bei anderer Gelegenheit wieder aufflammen, wenn Sascha nämlich in bester Gaslighting-Manier die Geschichte umschreibt, indem er*sie sich selbst in ein positives Licht rückt, während das eigentliche Opfer, Leo, negativ dargestellt wird. Dies kann dazu führen, dass Leo seine*ihre eigene Urteilskraft noch mehr in Frage zu stellen beginnt – genau wie es Sascha beabsichtigte.

Der Begriff »Gaslighting«, der in Ermangelung eines besseren Wortes laut Duden im Deutschen genauso heißt, stammt aus einem Theaterstück des englischen Autors Patrick Hamilton aus dem Jahr 1938. Das Stück wurde 1944 vom US-amerikanischen Regisseur George Cukor unter dem Titel *Das Haus der Lady Alquist* erfolgreich verfilmt. In diesem spannenden Psychothriller versucht ein Ehemann, seine Frau so weit zu manipulieren, dass diese glaubt, verrückt zu werden. Hierzu verwendet er ein ganzes Arsenal an Tricks, darunter diskrete Veränderungen in der Umgebung der Ehefrau. Zum Beispiel wird langsam, aber stetig die Flamme in der Gaslampe heruntergedreht, wodurch die Beleuchtung im Wohnzimmer gedämpft wird. Gleichzeitig behauptet der Ehemann, das Wohnzimmer sei voll beleuchtet.

Natürlich ist George Cukors Thriller weit entfernt von Leo und Sascha:

- Leo und Sascha sind vielleicht gar kein Ehepaar wie in Gaslight, und noch wichtiger,
- ihr Geschlecht wurde bislang nicht thematisiert – ***sie sind einfach Menschen wie wir alle.***

Bei *What-about-me-ism* geht es um Macht und Kontrolle, unabhängig vom Geschlecht. Es geht nicht um Männer, die Frauen hassen, oder um Frauen, die Männer dominieren wollen, oder um andere stereotype und simplifizierte Geschichten über die Geschlechter. Beim Gaslighting geht es darum, sein Umfeld davon zu überzeugen, dass die aufgestellten Erwartungen für alle im Kreis, Kontext oder in der Situation erstrebenswert und sozial vorteilhaft sind. Wenn es schiefläuft und die Erwartungen nicht erfüllt werden können, wird die moralische Schuld auf den anderen geschoben – niemals auf einen selbst. Der Ausübende rechtfertigt seinen Haftungsausschluss durch die säkulare Version des Theodizee-Arguments, das bestätigt, dass der Ausübende besser weiß, was für alle das Beste ist. Und es spielen Geschlecht, Rasse, ethnische Zugehörigkeit, soziale Klasse, Religion und andere identitätspolitische Achsen keine zentrale Rolle, auch wenn es beim *What-about-me-ism* um Macht und Kontrolle geht. Der Ausgangspunkt für *What-about-me-ism* ist nicht die identitätspolitische Gruppenzugehörigkeit oder deren Fehlen, sondern vielmehr eine spezifische subjektgetragene Einstellung zur Welt.

Wenn eine Person in verschiedenen Kontexten und Angelegenheiten routinemäßig Sprechakte verwendet wie »Ich erwarte von dir, dass …«, »Wenn ich du wäre, würde ich …« oder Fragen wie »Siehst du nicht, dass …?«, »Andere Leute finden, dass …, also warum du nicht auch …?« benutzt, könnte das ein Zeichen von Gaslighting sein. Dies bedeutet, dass man als Empfänger früher oder später beginnt:

- Zweifel an den eigenen Gefühlen und der Wahrnehmung der Realität zu hegen;
- das eigene Urteilsvermögen und die eigene Erfahrung in Frage zu stellen;
- sich verletzlich, ja geradezu unsicher zu fühlen oder die meiste Zeit wie auf rohen Eiern laufen zu müssen;
- zu überlegen, ob man wirklich so ist, wie andere über einen sprechen;
- über sich selbst und die eigenen Fähigkeiten enttäuscht zu sein;
- sich Sorgen darüber zu machen, ob man einfach zu dünnhäutig oder in anderer Weise unzulänglich geworden ist;
- zu viel Zeit damit zu verbringen, sich zu entschuldigen und Zweifel darüber zu haben, was in der Beziehung richtig und falsch ist;

- und allgemein das Gefühl eines bevorstehenden Untergangs zu haben, weil man den aufgebauten Erwartungen des anderen nicht entsprechen kann.

Wenn Sie eine oder mehrere dieser Eigenschaften bemerken, besteht eine gewisse Wahrscheinlichkeit, dass Sie dabei sind, in einer *What-about-me*-Beziehung Opfer von Gaslighting zu werden.

5.3 Das Nachahmungsspiel

Ein *What-about-me*-Ausübender strebt nach dem – oder begehrt –, was andere anscheinend haben oder wollen. Mehr Zeit mit unserem Partner, der andere uns gegenüber vorzieht, den gleichen Profit aus Aktienhandel erzielen wie die Freunde, genauso erfolgreich Forellen angeln wie Håkon, der selbsternannte *Über*fliegenfischer, die gleiche Präsenz, Anerkennung und den Online-Status wie Influencer und Reality-Stars haben, die von Babyölen bis Dinkelbrot alles bewerben; die gleichen VIP-Einladungen zu tollen Partys erhalten – die Aufzählung ließe sich *ad infinitum* fortführen. Aber warum dieses Nachmachen und nach etwas streben, was es da draußen schon in rauen Mengen gibt? Warum nicht etwas Neues und völlig anderes begehren?

Im Zuge des Wirtschaftswachstums und der zunehmenden Individualisierung, bei der sich der einzelne Mensch seinen persönlichen Entfaltungsmöglichkeiten widmete, wo jeder die freie Wahl und die notwendigen Mittel für diese »Selbstverwirklichung« besaß, konvergierten dennoch alle zu denselben Dingen, die im Trend lagen: SUVs für die Stadt, Moncler-Jacken, Porsche-Brillen, Haushaltsgeräte von Gaggenau und Burberry-Schals.

Wie kann es aber sein, dass alle originelle Individualisten sind und trotzdem nach genau denselben Dingen streben? Das ist doch weder originell noch eigenständig. Die grundlegende These ist, *dass es äußerst rational sein kann, andere zu imitieren, wenn man nicht über ausreichend Wissen verfügt, um ein bestimmtes Problem zu lösen.*

Nehmen wir zum Beispiel den Markt für Urlaubskrimis. Für diejenigen von uns, die nicht in der Lage sind, die große Auswahl zu überblicken, wird das Problem dadurch gelöst, dass die Entscheidungen anderer nachgeahmt werden. Wir konsultieren die Bestsellerliste, Buchrezensionen und Freunde. Und das kann rational sein, denn durch die Nachahmung profitieren wir von den Informationen, die andere durch ihre (möglicherweise schmerzlich gemachten) Erfahrungen erlangt haben. Hierbei handelt es sich jedoch nicht um einen blinden Nachahmungsprozess. Nachahmung wird motiviert durch ein Problem, das zu lösen ist, und wir versuchen diejenigen nachzuahmen, die dabei Erfolg hatten. Aber welches Problem, abgesehen von Schamgefühl, löst zum Beispiel die Mode, und wen wollen wir nachahmen?

Was früher Titel und Orden taten, übernimmt heute der öffentlich zur Schau gestellte Privatkonsum – er signalisiert Anerkennung, Status und Macht. Diese Art von Signalen sind natürlich soziale Größen. Deren Bedeutung kann nur *dann* glaubwürdig zum Ausdruck gebracht werden, *wenn der Einzelne versteht, dass alle anderen sie auf ähnliche Weise verstehen.* Es ist wie mit dem Geld – wir akzeptieren nur die Währung, von der wir erwarten, dass sie auch von allen anderen akzeptiert wird.

Wenn das Signal der Anerkennung jedoch nicht mehr in einem realen Wert verwurzelt ist, wird es zu einem sich selbst verstärkenden Prozess, in dem der Einzelne keine andere Qualitätssicherung mehr als die Anerkennung selbst hat. Im Gegensatz zu Geld verschwindet die Anerkennung jedoch nicht, sondern wird bei Gebrauch noch verstärkt. *Die Anerkannten werden also anerkannt, weil sie anerkannt werden, und die Bekannten werden bekannt für ihre Bekanntheit.* Man nehme bloß die alarmierende Anzahl von Reality-Show-Stars, die in der letzten Zeit produziert worden sind, von Kim Kardashian bis hin zu Philip aus *Divaer i junglen (Divas im Dschungel).* Ihre wichtigste Qualifikation und damit der Effekt ihrer Prominenz liegt darin, dass sie – wie alle anderen – vermutlich zumindest sie selbst sind. Aber wenn sie dafür Bekanntheit erlangen können, dass sie eben sie selbst sind, dann kann ich das auch, weshalb im Prinzip jeder dafür bekannt werden kann, bekannt zu sein.

In diesem Vergleichungsprozess liegt auch die Antwort darauf, warum Mode bei Kleidung, Autos und den übrigen »oberflächlichen« Lifestyle-Produkten perfekte Elemente der Anerkennungsökonomie sind und warum das Individuum bei der Konsumparty paradoxerweise in der Standardverpackung gefeiert wird. Imitation ist naturgemäß auf das Beobachtbare beschränkt. Und in einer Anerkennungsökonomie, in der es keine andere Garantie als die Anerkennung selbst gibt, wird daher die erfolgreiche Nachahmung dessen, was *alle anderen sehen und alle anderen verstehen können*, zur Standardverpackung.

Orden und Titel wiederum sind nur dann wertvoll, wenn sie von einem Publikum anerkannt werden, das in einer *asymmetrischen* Beziehung zum Träger steht. Gerade deshalb ist es so wichtig, dass wir alle in der Regenbogenpresse beispielsweise von den VIP-Partys der Fashion Week erfahren müssen, von denen das Publikum per definitionem ausgeschlossen ist. Denn so wie der Adel seinerzeit erfahren musste, führt es erst zur Inflation und dann zur Wertlosigkeit, wenn jeder Zugang zu den Symbolen der Macht erhält. Während beim Statuskonsum konvergiert wird, ändert sich der Inhalt der Katze-Maus-Jagd somit ständig. Die Nachahmung führt per Definition zu einer Inflation bei den Symbolen der Macht, dennoch kann es sehr schön sein, ein Stück vom Kuchen abzubekommen, solange es noch eins zu geben scheint.

5.4 Reaktionäre Reproduktion

Die *What-about-me*-Haltung passt wie eine Hand in den Handschuh fürs Imitationsspiel. In dem unheimlichen Filmthriller *Das Schweigen der Lämmer*, der etwas brutaler und abscheulicher ist als Cukors *Das Haus der Lady Alquist*, belehrt der Psychiater und Massenmörder Dr. Hannibal »Der Kannibale« Lecter FBI-Agentin Clarice Starling über die Natur des Begehrens:

> »Wir beginnen das zu begehren, was wir jeden Tag sehen. Spüren Sie nicht Blicke über Ihren Körper wandern, Clarice? Und gleiten Ihre Augen nicht auch manchmal über Dinge, die Sie sich wünschen?«[12]

What-about-me-ism impliziert, dass man etwas haben will, das andere bereits haben oder wollen – begehren, was wir jeden Tag sehen, wie Hannibal Lecter es ausdrückt. Naturgemäß ist dies beschränkt auf das, was zu sehen ist. Was das Beste für alle angeht, so wird dies – abgesehen von dem, was der *What-about-me*-Ausübende willkürlich festgelegt hat und was sich deshalb ohne Vorankündigung ändern kann – im Rahmen dessen hergestellt, was vermutlich bereits erstrebenswert ist. Das ist es, was scheinbar wertvoll ist, und der *What-about-me*-Ausübende will dann auch seinen Anteil daran haben.

Ein Gemeingut ist unbestreitbar schwer zu schaffen, wenn es niemandem wichtig ist, was auch immer es ist. Wenn niemand sehen könnte, was den *What-about-me-ism* als erstrebenswert definiert, würde die *What-about-me*-Haltung somit ihre wesensdefinierende relationale Komponente vermissen. Sich auf ein Gemeingut zu beziehen, das andere zu schätzen scheinen, ist für die *What-about-me*-Haltung essenziell. Und was andere *anscheinend* schätzen, ist die wesentliche Komponente, die wiederum das Imitationsspiel anregt.

Eine gute Seite hat das Nachahmungsspiel. Es macht deine Mitspieler sehr vorhersehbar – du kannst sie aus kilometerweiter Entfernung kommen sehen, sobald du die mentale Mechanik verstanden hast. Denn sie wollen genau das, was andere ihrer Wahrnehmung nach wollen – und anscheinend können das alle sehen. Schlecht daran ist, dass der Preis für ein erfolgreiches Nachahmungsspiel recht hoch sein kann: Es gibt im Nachahmungsspiel kein andersartiges, unkonventionelles oder kreatives Denken, und es wird auch nicht verlangt: *Same old shi*, different day = Jeden Tag der gleiche Mist.*

Es ist also nicht leichter, als sich dem *What-about-me-ism* hinzugeben: *What-bout-me-ism* orientiert sich also daran, was andere anscheinend wollen, können oder müssen. Das erzeugt Nachahmung, die in Wiederholung nur zu einer weiteren Forderung nach mehr von dem führt, was scheinbar erstrebenswert für alle ist – und damit bis ins Unendliche. *What-about-me-ism* führt demnach lediglich zu einer reaktionären Reproduktion des Bestehenden und liefert noch mehr des gleichen Brennstoffs, was kontinuierlich zu neuen und stärkeren Forderungen des

Ausübenden anspornt. Wenn sich jemand als völlig einfallslos und wenig anregend erweist, gleichzeitig aber darauf beharrt, die Vorgehensweise zu diktieren, ist dies erneut ein Warnsignal, auf das man achten sollte.

An dieser Stelle beginnt sich hoffentlich ein klares Bild davon abzuzeichnen, warum einige

- *Punkte*,
- *Aufzählungen*,
- *nummerierte Elemente* und *Textfelder*

in diesem Buch ***hervorgehoben*** stehen. ***Es handelt sich dabei um Gefahrensignale, Beschreibungen, Dynamik- oder Strukturmerkmale, die die Charakteristik von What-about-me-ism ausmachen.*** Ist man nur an einer Zusammenfassung interessiert, liest man alles, was ***hervorgehoben*** geschrieben ist:

What-about-me-Haltung: in a nutshell

Veranstalte mit allen, die du kennst, ein Süßes-oder-Saures-Spiel, behalte dabei alle Süßigkeiten für dich selbst, während du dein Umfeld in der Überzeugung gaslightest, dass ihre größte Freude darin besteht, dir dabei zu helfen, dass du in den Genuss von Schokolade, Bonbons, Gummibärchen und derlei Köstlichkeiten kommst. Im nächsten Jahr machst du das dann wieder und im Jahr darauf ebenfalls ... So lange, wie du dich ermutigt, im Recht, uninformiert und einfallslos fühlst.

-06-
Stunde der Abrechnung

Die *What-about-me*-Haltung wird oft von diversen emotionalen Reaktionen beim Ausübenden begleitet. Reaktionen wie Wut, Empörung, Eifersucht und Enttäuschung sind unbestreitbar, solange man sie hat. Die Unbestreitbarkeit selbst löst beim Ausübenden das Gefühl aus, das Recht, den Anspruch oder die Vollmacht zu besitzen, dass alles in seinem Sinne geschieht, damit Wut, Empörung, Eifersucht oder Enttäuschung nachlassen können. Andererseits ist es die Aufgabe des Umfelds, die vom Ausübenden festgelegten Erwartungen zu erfüllen. Gelingt dies tatsächlich, können sich dann die Gefühlswallungen beim *What-about-me*-Ausübenden legen. Für die Erfüllungsgehilfen kann dies jedoch schwierig werden, wenn die Ziele und Prioritäten nur in *einer* einzigen großen Nullsummenrechnung stehen, die ausschließlich vom *What-about-me*-Ausübenden geführt und geprüft wird.

6.1 Was *du* tust, regt *mich* auf!

Ein guter Freund berichtete von einem Wortwechsel im beruflichen Kontext: Kollegen waren am Besprechungstisch versammelt, um über eine für einige Anwesende kontroverse Geschäftsstrategie zu beraten. Die Diskussion wird zunehmend hitziger, der Ton bleibt aber immer noch höflich und respektvoll. Während einer Pause nimmt einer der Teilnehmer meinen Freund beiseite und verkündet:

> »Das, was du da gesagt hast, hat mich wirklich aufgeregt, ich bin jetzt echt wütend«,

worauf mein Freund erwiderte:

> »Nun, ich bin es aber nicht – wütend zu sein, ist **also dein** Problem, nicht meins.«

Sich aufzuregen – oder *getriggert* zu sein, wie es auf Englisch heißt – kann starke emotionale Reaktionen wie Angst, Sorge, Eifersucht oder Enttäuschung hervorrufen und ist oft mit unangenehmen Erinnerungen, traurigen Erfahrungen oder sogar traumatischen Erlebnissen in der Vergangenheit verbunden. Die Reaktion kann willkürlich oder unwillkürlich erfolgen, oftmals sehr ausdrucksstark, wobei nicht klar erkennbar sein muss, was den Ausbruch verursachen kann – weder für die Person, die in den roten Bereich gerät, noch für das soziale Umfeld.

Die Antwort meines Freundes mag auf den ersten Blick arrogant erscheinen, muss es aber nicht sein. Man kann schwerlich von meinem Freund verlangen, vorauszusehen, was die Wut seines Kollegen entfachen könnte, schon gar nicht, wenn der Ton, obwohl hitzig, trotz großer Meinungsverschiedenheiten höflich und respektvoll bleibt. Wütend zu werden, kann eine unverhältnismäßig starke Reaktion von der einen Seite sein, wenn von der anderen Seite nichts dergleichen beabsichtigt war. Natürlich hätte mein Freund auch antworten können:

> »Dass du wütend darüber bist, was ich während der Sitzung gesagt habe, das regt wiederum **mich** wirklich auf, also bin ich jetzt mindestens genauso wütend auf dich wie du auf mich, und eigentlich bin ich noch wütender als du!«

Das könnte der Beginn eines langwierigen Abnutzungskrieges als Ausdruck unserer gegeneinander gerichteten Wut auf *nächsthöherer Stufe* sein, bei dem wir uns wahrscheinlich niemals von der Stelle bewegen werden.

Eine dritte Antwortmöglichkeit für meinen Freund wäre:

> »Du fühlst doch gar keine Wut, du glaubst das nur ...«

Eine Erfolgsstrategie ist das wahrscheinlich nicht. Das wäre Öl ins Feuer, das könnte die Wut des Kollegen ins Unermessliche steigern. Gefühle gehören einem Menschen ganz allein und sind unbezweifelbar, solange man sie hat. Was berechtigt den anderen in diesem Falle, die eigenen Gefühle und/oder den eigenen Gemütszustand in Frage zu stellen? Das bedeutet auch, dass das Argumentieren auf der Grundlage der eigenen Gefühle eine sehr schlagkräftige Strategie ist, da es dem Gegenüber nicht zusteht, die eigenen Gefühle mit einem Gegenargument zu bestreiten, wie gut gewählt dies auch sein mag. Andererseits ist dies auch eine gänzlich kraftlose Strategie, weil das gemeinsame Überlegen, der Austausch und das Zusammenarbeiten zum Erliegen kommen. Das passiert immer dann, wenn bei einem aufkommenden Streit Sascha zu Leo sagt: »Ich bin nicht in der Stimmung, darüber zu reden!« Es kann aber sehr wohl wichtig sein, darüber zu reden, auch wenn man sich nicht in der Stimmung fühlt, denn sonst wird sowohl Sascha als auch Leo die Tür vor der Nase zugeschlagen und beide bleiben isoliert in ihren eigenen (mentalen) Räumen zurück.

6.2 Gefühlstyrannei

Ende März 2022 fand die jährliche Oscar-Preisverleihung in Los Angeles statt, bei der der Schauspieler Will Smith für einen Eklat sorgte, indem er den Komiker Chris Rock auf offener Bühne ins Gesicht schlug, weil dieser keinen Anstand bewies und verletzende Dinge über Will Smith und seine Frau geäußert hatte. Die Sache wurde riesig aufgebauscht und ging um die Welt, so dass im Endeffekt sich kaum noch jemand daran erinnern konnte, wer eigentlich den Oscar für den besten Film bekam.

Im ersten halbherzigen Versuch einer Entschuldigung schob Smith seine Reaktion darauf, dass er von seinen Gefühlen überwältigt wurde. In den eigenen Gefühlen versunken zu sein, kann jedoch kaum als Entschuldigung für Gewalt gegen eine andere Person herhalten. Es kann auch keine Entschuldigung dafür sein, andere Menschen auszuschließen oder zu entfernen. Smith hätte Chris Rock nicht bitten können, den Saal zu verlassen; Will Smiths Emotionen sind keine Vetokarte, die man einfach heben muss, um sich anderer zu entledigen. Das kann niemand.

Man hat jedes Recht, zum Ausdruck zu bringen, dass man verletzt ist. Wer jemanden verletzt hat, kann auch die Pflicht haben, zuzuhören. Aber physische, psychische oder soziale Gewalt auszuüben, ist tabu. Es handelt sich um die ureigensten Gefühle eines Einzelnen und damit liegt das Problem bei ihm, das heißt, der betreffende Mensch muss dann gehen, wenn er nicht in der Lage ist, den Raum mit dem anderen zu teilen oder ein Gespräch mit ihm zu führen. Die Gefühle des einen können nicht die Grenzen für die Freiheit des anderen bilden. Wäre das der Fall, würde man Tür und Tor öffnen für einen Ort, an dem man mit Hilfe von privaten Emotionen plötzlich Macht ausüben kann über andere, die man nicht leiden kann oder die einem im Wege sind oder die aus verschiedenen Gründen für etwas Unerwünschtes zu stehen scheinen. Das ist keine Gesinnungspolizei, sondern eine Gefühlspolizei – und wenn dabei die Ebene der Gruppe erreicht wird, bezeichnet man dies als *affektive Polarisierung.* »Es ist nicht unbedingt deine Meinung, mit der ich absolut nicht konform gehe, sondern ich mag dich einfach nicht.« Dann könnte man anfangen, jeden, den man im Supermarkt, im Bus oder auf der Arbeit trifft, zu verbannen, nur weil man von dessen Aussehen, Auftreten oder irgendetwas anderem gefühlsmäßig beeinflusst wird. Und wenn wir gerade dabei sind, könnte man auch seinen Partner durch affektive Polarisierung sanktionieren, so dass Streitigkeiten über die Wäsche, den Einkauf oder die Kinderbetreuung über einen für einen selbst günstig langen Zeitraum nicht mehr als ein gemeinsames Logistikproblem angesehen werden, sondern als Ausdruck dafür, dass man seinen Partner einfach grundsätzlich nicht leiden kann.

Der frühere amerikanische UNO-Botschafter und Soziologe Daniel P. Moynihan (1927–2003) schrieb einmal eine Kolumne für *The Washington Post* und stellte treffend fest:

> »Jeder hat ein Recht auf seine eigene Meinung,
> aber nicht auf seine eigenen Tatsachen.«[13]

Auch wenn man das Recht auf die eigenen Gefühle hat, hat man nicht das Recht, mit ihnen andere zu steuern und zu beherrschen, nur weil man dieses oder jenes fühlt.

Es ist einfach, eine Vereinbarung über eine bestimmte Meinung einzugehen, wenn man sich einig ist, aber es erfordert tatsächlich auch eine Vereinbarung zur Zusammenarbeit, wenn man sich auf eine aufklärende Uneinigkeit einlässt. Wenn Uneinigkeit lediglich darauf reduziert wird, dass »wir dann nicht mehr miteinander reden können«, verbleiben wir in einer unproduktiven Unvergleichbarkeit – »du hast deine Meinung, ich habe meine Meinung, Punkt, und außerdem bist du ein Trottel, denn du kannst oder willst mich scheinbar nicht verstehen«. Diese Unvergleichbarkeit lässt uns im Grunde genommen allein und schafft Verständnisbarrieren. Die angebliche Unvergleichbarkeit führt dazu, dass der Unterschied das Wichtigste wird, wo doch das Gemeinsame Vorrang haben sollte. Denn durch die Anerkennung des Gemeinsamen erreichen wir Empathie, ein tieferes Verständnis und sehen den anderen als jemanden – in erster Linie ein Individuum, das unter den gleichen Umständen genauso gut man selbst hätte sein können.

Das bedeutet, dass wir uns bei Uneinigkeit bemühen müssen, die Gründe für das Handeln des anderen zu verstehen. Das Interessante ist nicht, ob wir der gleichen Meinung sind, dass ich *A* meine, während du *Nicht-A* meinst. Das Interessante ist, *warum* du das eine meinst und ich das andere. Das erfordert ein Verständnis der Argumente und Voraussetzungen des jeweils anderen, die zu unseren unterschiedlichen Schlussfolgerungen führen. Aus diesem Prozess werden wir in jedem Fall etwas lernen, unabhängig davon, ob wir uns letztendlich darauf einigen, keine Einigkeit zu finden, oder das Gespräch zum Wohle beider fortsetzen. Das Schlimmste, was passieren kann, ist, dass man etwas lernt – selbst wenn man schlussendlich uneins ist. *Die aufklärende Uneinigkeit ist die Zusammenarbeit der Uneinigkeit.*

Das setzt jedoch voraus, dass wir in der Lage sind, den Weizen von der Spreu zu trennen, und nicht versuchen, alles in eine einzige Rechnung zu stopfen, wo nicht darauf geachtet wird, dass das eine Äpfel und das andere Birnen sind, etwas den Partner betrifft, anderes die zusammengebrachten Kinder und wieder etwas anderes die Freunde; dass wir begreifen, dass diese drei Posten einfach nicht in dieselbe Rechnung gehören.

6.3 Getrennte Rechnungen

Nehmen wir nun an, dass Leo und Sascha tatsächlich die Eltern mit den zusammengebrachten Kindern in dem zuvor erwähnten Beispiel aus dem wirklichen Leben sind. Saschas Hintergrund ist die Kernfamilie mit unverrückbaren Universalmodell-Prinzipien, während Leo aus einem Flickwerk mit pragmatischen Verhaltensmustern stammt. Nehmen wir nun wegen des Extrembeispiels weiter an, dass Sascha das Leben offenkundig nicht annähernd, sondern *entschieden* als ein Nullsummenspiel betrachtet. Alles, was Sascha nicht bekommt, fällt eins zu eins anderen zu, in einer Paarbeziehung heißt das, Leo.

Um Gleichheit, Gerechtigkeit und Transparenz zwischen den Mitgliedern der zusammengebrachten Familie und die günstigsten Bedingungen für eine nachhaltige Familiendynamik zu gewährleisten, macht sich Sascha nun daran, eine allgemeingültige Rechnung aufzustellen. Sie besteht aus einer nummerierten und dann geordneten Positivliste von Prioritäten (a_1, a_2, a_3, ... a_n), die auf einer ebenfalls von Sascha festgelegten Nutzwertberechnung basiert. Ein gutes Verhältnis zu Leo zählt natürlich viel, also wird ihm ein Nutzenwert von, sagen wir, 100 zugeschrieben. In gleicher Weise geht es weiter für alle anderen Prioritäten bis einschließlich Priorität a_n und der damit verbundenen Nutzwertberechnung X_n.

Eine Regieanmerkung: Obwohl das eine etwas überspitzte Art sein mag, eine Patchworkfamilie zu führen, so hatte ich einmal einen Stiefvater, der eine ganz ähnliche Rechnung aufgestellt haben soll, in der er die Vor- und Nachteile des Zusammenziehens mit meiner Mutter gegeneinander abwog. Unterm Strich überwogen die Vorteile und so geschah es dann auch. Dessen eingedenk ist Saschas *Modus Operandi* nicht aus der Luft gegriffen und es gibt dafür Präzedenzfälle:

		Prioritäten	**Nutzen**
1	a_1	Gutes Verhältnis zu Leo	100
2	a_2	Gutes Verhältnis zu den Kindern	90
3	a_3	Gutes Verhältnis zur Familie	79
4	a_4	Gutes Verhältnis zu Freunden	65
5	a_5	Gute Bedingungen am Arbeitsplatz	59
|	|	|	|
|	|	|	|
n	a_n	Gute Bedingungen/gutes Verhältnis zu ...	X_n

Und nun heißt es wieder aufgepasst. Die Grundidee ist eigentlich ganz einfach: Wir Menschen haben Prioritäten, und ihre Wichtigkeit richtet sich danach, wie viel sie für uns bedeuten oder, anders ausgedrückt, wie viel *Nutzen* wir aus der Erfüllung unserer Prioritäten ziehen.

Lassen wir nun in Saschas Rechnung (*S*) den Nutzenwert (*U*) verknüpft mit Priorität (a_i) die Zahl X_i sein, also $U_S(a_i) = X_i$. Saschas demonstrative Sicht auf das Leben als Nullsummenspiel impliziert, dass alles, was Sascha nicht bekommt, einem anderen zufällt, weshalb Saschas Nutzwert in diesem Fall $U_S(a_i) = -X_i$ betrüge. Nehmen wir an, diese*r andere sei Leo. Diese*r erhielte damit einen Nutzwert von $U_L(a_i) = X_i$. Das, was Sascha verliert, geschrieben $\hat{a}_i$, ist das, was Leo gewinnt, a_i, weshalb

$$U_S(\hat{a}_i) = -U_L(a_i) = -X_i.$$

Verlust und Gewinn sind Gegensätze, wenn zwischen Sascha und Leo ein Nullsummenspiel veranstaltet wird. Wenn das, was Sascha wünscht, a_i ist und Sascha es bekommt, bedeutet das, dass Leo es nicht bekommt. Die Gesamtrechnung sieht für die Nutzwerte also folgendermaßen aus:

$$U_S(a_i) + U_L(\hat{a}_i) = 0.$$

Alles geht gegen null, wie es in einem Nullsummenspiel vorgeschrieben ist. Saschas Rechnung mit Prioritäten und Nutzwertzuschreibung besteht aus einer geordneten Menge, die alle Posten entsprechend den von Sascha zugewiesenen Prioritäten basierend auf dem Nutzwert anordnet.

Aus Saschas Rechenblatt wird zum Beispiel ersichtlich, dass ein gutes Verhältnis zu Leo einen Nutzwert von 100 hat, während gute Bedingungen am Arbeitsplatz im Vergleich dazu nur einen Nutzwert von 59 besitzen. Ein gutes Verhältnis zu Leo hat also eine höhere Priorität und ist erstrebenswerter als ein gutes Arbeitsumfeld, und das gilt für alle Posten auf dem Rechenblatt. Diese ganze Nutzwertzuschreibung lässt zwischen den verschiedenen Posten eine *Beziehung* entstehen, die laut Sascha eine *Wertigkeit widerspiegelt, wie erstrebenswert sie sind.* Dies gilt für alles, was auf dem Rechenblatt steht, oder die nach Prioritäten geordnete Menge. Man sagt, dass eine *Isomorphie* eine Abbildung ist, die die Struktur von einer Menge zu einer anderen bewahrt und die umkehrbar ist. Genau das ist es, was durch Saschas Lebensgestaltung als Nullsummenspiel über das Rechenblatt geschieht. Das Leben als Nullsummenspiel auf einem Kalkulationsblatt ist eigentlich nur eine Funktion, die die Nutzwertrealisierung einer beliebigen Priorität a_i von Sascha nimmt und sie als Leos Verlust abbildet und *umgekehrt*, wobei Leos Gewinn dann zu Saschas Verlust wird. Die Funktion tut dies, während sie die Reihenfolge der Prioritäten im Eins-zu-eins-Verhältnis beibehält. Und dies tut die Funktion in Übereinstimmung mit Saschas umgekehrter und seltsamer Lebenseinstellung, wenn das Nullsummenspiel regiert:

Alles, was sich an Prioritäten oder Erwartungen für Sascha nicht erfüllt, ist genau das, was Leo bekommt. Und es spielt keine Rolle, ob Leo das überhaupt will, denn Leo kann im Prinzip ja ganz andere Prioritäten und Nutzwertzuschreibungen haben als Sascha. Aus Saschas Sicht ist das aber egal: Entweder bekommt man, was man will, oder es sind andere, die genau das bekommen, was man selbst gerne hätte, und dann ist das ein Verlust. Schluss, aus, Ende!

Leo ist nicht nur Leo, sondern auch eine Stellvertreterfigur für alle anderen, denen Sascha gegenübersteht, wenn das Leben als Nullsummenspiel eingerichtet wird – unter Freunden, bei der Arbeit, online –, wo sich ähnliche Kalkulationen anstellen lassen.

Das Anlegen eines nur einzigen Rechenblattes für alles ist daher das sichere Rezept für etwas, das scheitern könnte, während es gleichzeitig eine *What-about-me*-Haltung zum Leben verstärkt. Als Menschen setzen wir ständig Prioritäten, rechnen darüber ab, was gelungen und misslungen ist, und wägen das Für und Wider bestimmter Handlungen ab, während wir durchs Leben navigieren. Besonders wichtig ist, dass *wesensverschiedene* Dinge, Posten und Prioritäten getrennt abgerechnet werden. Dass Leo Zeit mit einem Kind aus einer früheren Beziehung verbringt, hat etwas mit Leo zu tun – nicht mit Sascha – und *umgekehrt*. Die beiden Dinge sind *inkommensurabel* – oder nicht vergleichbar – und lassen sich nicht in ein und derselben Rechnung erfassen. Entsprechend bedeutet die Beförderung des einen nicht automatisch (entsprechend) einen Verlust für den anderen – weil es sich um wesensverschiedene Dinge handelt. Die Dinge voneinander zu trennen, kann in der Tat für beide Seiten einen ungeteilten Vorteil bedeuten. Wenn Sascha die Zeit, die Leo mit seiner*ihrer Tochter verbringt, nicht in die eine gemeinsame Rechnung einfließen lässt, könnte dies den positiven Effekt haben, dass Sascha sich nicht ausgeschlossen und Leo sich nicht eingeengt fühlt. Das Auseinanderhalten der Rechnung und ihrer Posten entlastet daher beide Partner und kommt ihrer Beziehung zugute, denn es geht nicht mehr um den einen, vor allem nicht, wenn das, was verglichen wird, gar nicht vergleichbar ist.

Getrennte Rechnungen sind auch in Familienangelegenheiten, in Beziehungen zu Freunden, im Verhältnis zu Kollegen und nicht zuletzt, wenn man sich selbst online mit anderen vergleicht oder wenn man zum 12. Geburtstag ein ferngesteuertes Auto geschenkt bekommt, von Vorteil. Dass ich nicht damit fahren darf, hat nichts mit mir zu tun, sondern damit, dass meine Freunde damit herumkurven können. Es hat also nichts damit zu tun, dass mir etwas vorenthalten bleiben soll, sondern damit, dass meine Freunde Spaß haben. Und den Spaß, den sie mit dem Auto haben, kann ich wertschätzen, ohne das Gefühl zu haben, dass mir etwas entgeht, sondern vielmehr, dass es ein Segen für mich ist. Vergessen wir also nicht, für Dinge, die wesensverschieden sind, unterschiedliche Rechnungen aufzumachen. Das ist es, was mein Vater meinte, damals wie heute. Es erspart dir eine Menge selbstzugefügter Schmerzen und Kummer, wenn du nicht ständig abrechnen und dich mit den Gewinnen und Verlusten anderer vergleichen musst, die letztendlich nur sehr wenig mit dir zu tun haben, wenn überhaupt. Also heißt es Ordnung schaffen.

Wer Rechenblätter braucht, um den Überblick über sein Leben zu behalten, für den lohnt es sich vielleicht, die mögliche *Wesensverschiedenheit zwischen Posten und Prioritäten* zu bedenken und sorgfältig zu sortieren, was wozu gehört. Wer das nicht tut, gerät schnell in die *What-about-me*-Falle, und dann ist man am Ende im Leben entweder ein Feigling oder ein Gauner.

-07-

Feigling oder Gauner

Wie sehr geht es bei *What-about-me-ism* um feiges Verhalten und um Angst davor, Chancen zu ergreifen, und wie sehr geht es eigentlich um Egoismus und korrumpiertes Verhalten? Es ist, als würde der Ausübende von *What-about-me-ism* gerne die Früchte der Zusammenarbeit und der Gesellschaft ernten, aber sich weigern, seinen Teil der Vereinbarung zu erfüllen. Der Betreffende will kostenlos etwas haben, was andere zustandebringen sollen. Einem Feigling fehlt der Mut, dem Gefährlichen, dem Unangenehmen zu begegnen oder die Chance zu nutzen, will aber trotzdem profitieren. Ein Gauner ist unehrlich, berechnend, sogar manipulierend und ergreift gerne Chancen mit Blick auf ein gutes Ergebnis. Wenn man *What-about-me-ism* praktiziert, ist man dann ein Feigling oder ein Gauner? Nun, das ist die Frage.

7.1 Vertrauen

Bei *What-about-me-ism* geht es um Macht und Kontrolle durch die Projektion der Erwartungen des berechnenden Ausübenden auf andere, die diese zum Wohle aller erfüllen müssen. Gleichzeitig ist der Ausübende frei von moralischer Verantwortung angesichts des weltlichen Theodizee-Arguments, wenn Erwartungen nicht verwirklicht werden. Da der *What-about-me*-Ausübende es einfach besser weiß, *vertraut* er *nicht darauf*, dass andere angemessen definieren können, was für alle das Beste ist. Es ist dieser Mangel an Vertrauen, der Unsicherheit erzeugt. Und eben diese Unsicherheit ist nicht förderlich für die gewünschte Kontrolle, die man mit *What-about-me-ism* haben möchte. Das Verfluchte daran ist jedoch, dass Vertrauen und Unsicherheit im selben Paket daherkommen.

Jemandem zu vertrauen, bedeutet im Grunde:

1. dass wir anderen gegenüber verletzlich oder unsicher sind,
2. dass wir grundsätzlich gut über andere denken, zumindest wenn es darauf ankommt, und
3. dass wir andere als kompetent in ihrem Vorhaben in jenen Angelegenheiten betrachten, die uns betreffen.

Wenn Leo sich mit einem sensiblen Anliegen an Sascha wendet, sagen wir, in Bezug auf einige intime Einschränkungen in ihrem Sexualleben, tut Leo dies auch mit der Überzeugung, dass Sascha dies nicht in einem Post auf TikTok, Instagram oder einer anderen sozialen Plattform teilen wird. Denn schließlich ist das eine Angelegenheit zwischen den beiden. Nur sie alleine müssen das mit der Diskretion behandeln, die nun einmal damit einhergeht.

Sollte sich Sascha dennoch entschließen, das Private öffentlich hinauszuposaunen, würde dies von Leos Seite zweifellos als Vertrauensbruch betrachtet werden.

Vertrauen setzt die Möglichkeit eines Vertrauensbruchs voraus, der, wie in Absatz 1 oben erwähnt, für andere zu Verletzlichkeit und Unsicherheit führt. Der amerikanische Autor Terry Goodkind (1948–2020) bringt dies in nur einem Satz auf den Punkt: *»Only those you trust can betray you.«* (»Nur die, denen du vertraust, können dich betrügen.«) Wenn es Menschen gibt, die man nicht sonderlich mag oder die man absolut nicht leiden kann, warum sollte man denen vertrauen, wie im zweiten Punkt oben erwähnt? Und wenn sich jemand als inkompetent oder untauglich erweist, wenn es wirklich darauf ankommt, kann man ihn als jemanden, der vertrauenswürdig ist, getrost vergessen, was im dritten Punkt zum Ausdruck kommt.

Misstrauen ist also nicht nur das Fehlen von Vertrauen. In der Schwebe zwischen den beiden Extremen Vertrauen und Misstrauen stellt sich nämlich heraus, dass Vertrauen und Misstrauen, obwohl sie einander ausschließen, nicht erschöpfend sind – es gibt noch etwas dazwischen. Misstrauen ist nicht das Gleiche, wie nicht auf jemanden zu zählen. Am Arbeitsplatz kann es durchaus sein, dass Leo nicht auf einen Kollegen zählen will, jedoch nicht aus Misstrauen, sondern einfach, weil sein Kollege sehr beschäftigt ist. Aber während das *Nicht-auf-jemanden-Zählen* keine normative oder wertbeladene Dimension besitzt, ist dies beim Misstrauen sehr wohl der Fall. Nehmen wir an, Leo misstraut Sascha ohne ersichtlichen Grund, und Sascha findet das heraus. Etwas deutet darauf hin, dass Sascha verärgert, wütend oder verletzt sein wird, dass Leo kein Vertrauen empfindet. Umgekehrt wird Sascha kaum die gleichen Emotionen haben, wenn sich herausstellt, dass Leo aus irgendeinem Grund einfach nicht auf Sascha zählt. Wo Misstrauen schlecht ist, trifft das nicht unbedingt auf *Nicht-auf-jemanden-Zählen* zu. Misstrauen geht einher mit bestimmten Handlungstendenzen wie dem Vermeiden der betreffenden Person oder Sich-Zurückziehen, was Misstrauen mit dem *Auf-jemanden-Zählen* in gleicher Weise unvereinbar macht, wie Vertrauen mit dem *Auf-jemanden-Zählen* vereinbar ist. Leo könnte gezwungen sein, sich auf Sascha zu verlassen, auch wenn das Vertrauen sehr gering sein kann.[14]

Vertrauen und *What-about-me-ism* ist wie Öl und Wasser – sie mischen sich nicht sehr gut:

1. ***Wer What-about-me-ism praktiziert, möchte sich nicht verletzlich fühlen – angesichts der Möglichkeit eines Vertrauensbruchs –, genauso wie Verletzlichkeit und Kontrolle unvereinbar sind.***
2. ***Bei einer What-about-me-Lebenseinstellung werden andere in erster Linie als Mittel zum Erreichen der eigenen Ziele angesehen (unabhängig davon, ob der Ausübende ansonsten eine gute Meinung von ihnen hat), weil er in Übereinstimmung mit dem verzerrten Kantschen Imperativ handelt, dass andere die eigenen Erwartungen erfüllen müssen.***
3. ***Selbst wenn der Ausübende andere zufälligerweise für kompetent hält, wenn es darum geht, festzulegen, was für alle das Beste ist, würde er niemals anderen die Kontrolle überlassen. Nur der Ausübende selbst weiß, wie man es zum Wohle aller macht.***

Wenn man sich der Meinung anschließt,

- dass Vertrauen und Misstrauen einander gegenseitig ausschließen,

- dass Misstrauen eine wertbeladene Dimension hat, wie es das Sich-nicht-auf-jemanden-verlassen-Können nicht hat,
- dass Misstrauen unvereinbar ist mit Auf-jemanden-Zählen, aber Vertrauen mit Auf-jemanden-Zählen vereinbar ist,
- dass Misstrauen einen veranlasst, sich zurückzuziehen und weiteren Kontakt zu vermeiden, während Vertrauen das Gegenteil tut,

deckt sich dies vollständig mit einer *What-about-me-Lebenseinstellung*. Warum sollte, wer nach dem *What-about-me*-Prinzip lebt, auf Vertrauen und alles, was damit verbunden ist, setzen? Vertrauen ist ja nicht schlecht, aber Kontrolle ist immer besser, besonders in Bezug auf *What-about-me-ism*.

Schließlich kann man sich als *What-about-me*-Ausübender auf Vertrauen nicht verlassen: entweder weil man ein Feigling ist, der kein Risiko eingehen will, oder weil man ein berechnender Gauner ist, der es in einem Anflug von Größenwahn in der Regel immer besser weiß. Um zu klären, an welcher Stelle der Feigling und der Gauner im *What-about-me*-Szenario ihr Unwesen treiben, muss zunächst geklärt werden, wie wir Menschen mit der Aussicht auf Gewinn und Verlust umgehen und wie es für uns ist, Chancen zu ergreifen.

7.2 Warum die Chance ergreifen?

Ob der Ausübende von *What-about-me-ism* ein Feigling oder ein gemeiner Gauner ist, lässt sich anhand der Psychologie der Entscheidungsfindung beantworten. Dabei spielen das Verhalten von Risikoscheuen und Risikofreudigen sowie die Wahrscheinlichkeiten eine Rolle, die sich in angemessener Weise über die verschiedenen Verhaltensmöglichkeiten verteilen. Doch der Reihe nach, und ruhig in einem gemächlichen Tempo.

Als Ausgangspunkt dienen die mittlerweile legendären Studien des Psychologieprofessors Daniel Kahneman über menschliche Entscheidungsprozesse. Kahneman stellte diese in seinem Bestseller *Schnelles Denken, langsames Denken* (2011, dt. 2012) vor – ein Buch, das als lesefreundliches Mainstream-Testament für Kahnemans herausragenden Beitrag zum theoretischen Verständnis der Entscheidungspsychologie gilt. Diese Studien wurden bereits in den 1970er Jahren begonnen, als Kahneman zusammen mit dem Kognitionswissenschaftler und Mathematiker Amos Tversky (1937–1996) das formulierte, was sie *Erwartungstheorie* nannten und wofür sie 2002 den Nobelpreis für Wirtschaft erhielten.

Die Erwartungstheorie hat in zahlreichen wirtschaftlichen Bereichen Anwendung gefunden, von der Konsumwahl über das Arbeitskräfteangebot bis hin zur Versicherung. Heute ist sie ein integraler Bestandteil der Wissenschaft, die als Verhaltensökonomik bezeichnet wird.

Die Erwartungstheorie ist ein verhaltenstheoretisches Modell, das zeigt, wie Menschen zwischen verschiedenen Alternativen wählen, die sowohl Risiken als auch Unsicherheiten beinhalten. Ein wichtiger Punkt ist, dass wir als Menschen *risikoscheu* sind, wir wollen uns also möglichst keinen Risiken aussetzen: Es gefällt uns nämlich wesentlich weniger, das zu verlieren, was wir potenziell hätten gewinnen können. Im Umkehrschluss heißt das, wenn beispielsweise eine hohe Wahrscheinlichkeit für einen geringeren Gewinn besteht, würden wir lieber weniger mit Sicherheit gewinnen (und somit risikoscheu sein), als *risikofreudig* nach einem größeren, aber weniger wahrscheinlichen Gewinn zu streben.

Hier ein Gedankenspiel zur Veranschaulichung: Wenn die Wahrscheinlichkeit hoch ist, dass der nächste Post viele Likes bekommt, weil man im Freundeskreis wahrscheinlich die gleiche Meinung hat, ist man eher geneigt, keine weiteren Risiken einzugehen, indem man seine Meinung zuspitzt und riskiert, jemanden zu verletzen – man wird in einer solchen Situation *risikoscheu*. Wenn man umgekehrt einschätzt, dass dem Freundeskreis mit hoher Wahrscheinlichkeit die eigene Meinung über den dänischen Ministerpräsidenten nicht gefällt, einem aber dennoch viel daran gelegen ist, diese Meinung zu äußern, kann man genauso gut die Gelegenheit nutzen und seine vorbehaltlose Meinung kundtun – man wird also *risikofreudiger.*

Nach Kahneman und Tversky lassen sich, wenn es um die Wahrscheinlichkeit eines Gewinns oder Verlusts von beispielsweise 10.000 Kronen geht, Gewinne, Verluste und die Bereitschaft, ein Risiko einzugehen, in der 2 × 2-Matrix darstellen. Die obere Zeile enthält die wahrscheinlicheren Szenarien, das heißt Gewinne und Verluste mit hoher Wahrscheinlichkeit. In der unteren Zeile stehen die unwahrscheinlicheren Szenarien, bei denen Gewinn und Verlust von geringer Wahrscheinlichkeit sind. Jeder Zelle der Matrix wurde sowohl eine Emotion, zum Beispiel »Angst vor Enttäuschung«, als auch das damit verbundene typische Verhalten, das heißt »RISIKOAVERSION«, zugeordnet. Ebenso ist das Gefühl »Hoffnung auf Verlustvermeidung« mit dem typischen Verhalten »RISIKOFREUDE« verknüpft. Schließlich bedeutet »Gewissheitseffekt« die allgemeine Tendenz, dass Menschen ein geringeres, aber gewisses Ergebnis bevorzugen, anstatt nur ein wahrscheinliches Ergebnis zu erzielen. »Möglichkeitseffekt« bezieht sich umgekehrt auf Situationen, in denen Menschen dazu neigen, die Wahrscheinlichkeit eines positiven Ergebnisses zu überschätzen. Es mag sein, dass etwas möglich ist, aber die Wahrscheinlichkeit ist gering, und genau diese geringe Wahrscheinlichkeit wird als reale Möglichkeit überschätzt.[15]

	Gewinn	**Verlust**
Hohe Wahrscheinlichkeit	95 Prozent Chance auf Gewinn von 10.000 Kr.	95 Prozent Chance auf Verlust von 10.000 Kr.
Gewissheitseffekt	Angst vor Enttäuschung	Hoffnung auf Verlustvermeidung
	RISIKOAVERSION	RISIKOFREUDE
Geringe Wahrscheinlichkeit	5 Prozent Chance auf Gewinn von 10.000 Kr.	5 Prozent Chance auf Verlust von 10.000 Kr.
Möglichkeitseffekt	Hoffnung auf großen Gewinn	Angst vor großem Verlust
	RISIKOFREUDE	RISIKOAVERSION

»Gewinn« und »Verlust« können durch »Willen bekommen« beziehungsweise »Sich beugen« ersetzt werden. Es kann gut sein, dass es nicht möglich ist, sich für 10.000 Kronen sein bevorzugtes Gemeingut zu kaufen, aber das entspricht dennoch der Menge, die in der vorhandenen Analyse dargestellt wird.

Wenn jetzt eine 95 %ige Chance besteht, dass ich andere davon überzeugen kann, dass das, was ich will, das Beste für alle ist, ist meine einzige Angst die vor der Enttäuschung, die ich fühle, wenn es schiefgeht. Ich möchte vermeiden, etwas zu riskieren, indem ich etwas vorschlage, das noch anspruchsvoller, aber (potenziell) noch vorteilhafter ist, also gehe ich dieses Risiko nicht ein. Ich werde im Szenario oben links in der Abbildung zu risikoscheu. Andererseits, wenn die Wahrscheinlichkeit trotzdem sehr gering ist, dass ich das bekomme, was ich will, könnte ich genauso gut Nägel mit Köpfen machen und etwas noch Größeres, Sonderbareres oder Unglaublicheres als das Beste für alle, und nicht zuletzt zu meinem Vorteil, vorschlagen. Da ich ohnehin kurz davor bin, zu verlieren, befürchte ich nur einen noch größeren Verlust. Warum also nicht einfach ein Risiko eingehen und risikofreudig sein wie in der oberen Zeile rechts?

Wenn es auch nur eine 5%ige Chance gibt, dass mein Post zum Besten aller durchgeht, dann besteht trotzdem noch eine geringe Chance, das zu bekommen, was ich mir wünsche, und dann könnte ich ebenso gut die risikofreudige Chance unten links ergreifen.

Und schließlich ein Szenario der risikoscheuen Art: Wenn die Wahrscheinlichkeit, nicht das zu bekommen, was ich will, nur schnöde 5 % beträgt, liegt das Verlustrisiko praktisch bei null, und daher besteht kein Grund, dies aufs Spiel zu setzen. Wenn ich mehr fordere, kann das zu einem gigantischen Verlust führen. Da fahre ich besser damit, auf Nummer sicher zu gehen und risikoscheu zu sein.

7.3 Verfluchte Umstände

Zwei Schlussfolgerungen, die in der 2 × 2-Tabelle und im Beispiel oben sofort ins Auge fallen, lauten:

1. dass die Aussicht, einen potenziellen Gewinn zu verlieren, das Gefühl einer Verlustaversion auslöst, während

2. wir bereit sind, das Risiko einzugehen, wenn wir mit fast sicheren Verlusten rechnen können.

Wie bereits erwähnt, werden Gewinne und Verluste gefühlsmäßig unterschiedlich bewertet. Wir streben mehr nach Gewinnen als nach Verlusten. Daher neigen die Menschen dazu, sich bei ihren Entscheidungen eher an scheinbaren Gewinnen als an entsprechenden Verlusten zu orientieren. Nehmen wir zum Beispiel an, Sie erhalten 50 Kronen. Entweder gibt es sie sofort passend, oder man erhält 100 Kronen, muss aber 50 Kronen herausgeben, damit die Rechnung aufgeht. Der Nutzwert der 50 Kronen ist der gleiche, unabhängig von der einen oder der anderen gewählten Zahlungsform. Trotzdem neigen die Menschen dazu, die 50 Kronen passend zu nehmen, da dieser Einzelgewinn vorteilhafter erscheint als die Situation, in der man doppelt so viel Bargeld bekommt, aber dann den Verlust überleben muss, indem man die 50 Kronen zurückgibt.

Verlust hat somit eine größere emotionale Wirkung als ein entsprechend hoher Gewinn – »Verluste sind bedrohlicher als Gewinne«, wie Kahneman und Tversky es 1979 formulierten.[16] Wenn Entscheidungen, die zu demselben Ergebnis führen, auf zwei verschiedene Arten formuliert werden, wobei die eine den Gewinn und die andere den Verlust hervorhebt, wählen wir in der Regel die Option, die einen Gewinn bietet. Um wieder auf die 50 Kronen zurückzukommen, fühlt sich der Verlust *doppelt* so schlimm an wie der Gewinn von 50 Kronen. Und je größer der Verlust, desto aggressiver wird das Gefühl des Schmerzes. Der entsprechende Gewinn ist weit entfernt von dem entsprechenden Gefühl der Freude. Schmerz über Verlust fühlt sich im Allgemeinen einfach doppelt so schlimm an wie die entsprechende Freude am Gewinn. Kahneman und

Tversky stellen dies in der mittlerweile legendären Grafik aus der Erwartungstheorie fest.

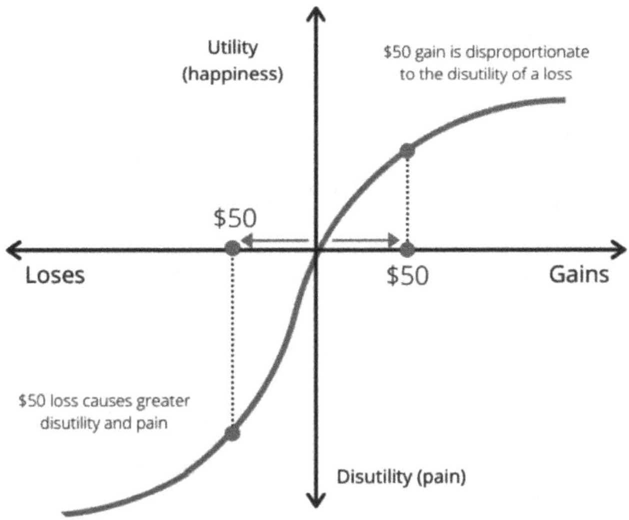

Übersetzung für die Grafik:
Loses = Verluste; Gains = Gewinn; Happiness = Freude; Pain = Schmerz; Ein Verlust von 50 Kronen fühlt sich doppelt so schlimm an wie die Freude, die man mit einem Gewinn von 50 Kronen erreichen könnte.

Es ist an der Zeit, noch einmal zu Leo und Saschas Verhältnis zurückzukehren. Was sind sie – Feiglinge oder Gauner –, wenn sie im Lichte von Gewinn, Verlust, Schmerz, Freude sowie risikoscheuem gegenüber risikofreudigem Verhalten betrachtet werden?

Wie bereits erwähnt, scheint Sascha durchgängig mehr in »Willen bekommen« investiert zu haben, als es Leo getan hat. Mit Leo und Saschas Paarbeziehung sind vier Szenarien verbunden. Es stellt sich heraus, dass Risikoaversion mit Feiglingsverhalten (*1*, *2*) und Risikofreude mit Gaunerverhalten (*a*, *b*) korreliert:

- ***RISIKOAVERSION und FEIGLING (1).*** Wenn Sascha glaubt, dass eine 95%ige Chance besteht, seinen*ihren »Willen zu bekommen« und gleichzeitig die Beziehung zu Leo aufrechtzuerhalten, wird er*sie es wahrscheinlich vermeiden, Chancen wahrzunehmen, denn dies könnte zu einem Bruch führen. Das wäre gelinde gesagt ein enttäuschendes Ergebnis, selbst wenn Sascha die Beziehung in ihrem aktuellen Zustand nicht allzu enthusiastisch sieht. Sascha wird risikoscheu und auch ein wenig feige: Lieber bleibt er*sie in einer semiguten Beziehung und bekommt ab und zu, was er*sie will, anstatt den Mut aufzubringen, etwas zu verändern und aktiv zu handeln.
- ***RISIKOAVERSION und FEIGLING (2).*** Es besteht eine sehr geringe Wahrscheinlichkeit von 5 %, dass Sascha seinen*ihren Willen nicht bekommt und gleichzeitig mit Leo zusammenbleiben kann – das ist mehr als einleuchtend. Dennoch bleibt Sascha risikoscheu. Er*Sie ist ein Opfer des Möglichkeitseffekts, bei dem er*sie einen großen Verlust überschätzt und wieder zum Feigling wird, indem er*sie in der angespannten Beziehung mit Leo verharrt.
- ***RISIKOFREUDE und GAUNER (a).*** Wenn eine 95%ige Wahrscheinlichkeit besteht, dass Sascha nicht das bekommt, was er*sie möchte, und gleichzeitig nicht in der Beziehung mit Leo bleiben kann, stellt das einen spürbaren Verlust dar. Da Sascha ohnehin verlieren wird, aber trotzdem eine minimale Chance wittert, einen »Stich zu machen«, könnte er*sie das Risiko eingehen, den Druck auf Leo

zu verstärken. Das könnte Sascha zum Beispiel tun, indem er*sie noch höhere Anforderungen an die Beziehung stellt, die Leo erfüllen muss. Dieses Verhalten ist ebenso risikofreudig wie das eines berechnenden Gauners.

- ***RISIKOFREUDE und GAUNER (b).*** Schließlich besteht eine 5%ige, wenngleich nicht sehr hohe Wahrscheinlichkeit, dass Sascha bekommt, was er*sie will, und gleichzeitig mit Leo zusammenbleiben kann. Da könnte Sascha der Beziehung ebenso gut einen ordentlichen Hieb versetzen und alles auffahren, was als Druckmittel im Hinblick auf einen großen Gewinn dienen kann, obwohl die Chancen denkbar schlecht stehen. Sascha überschätzt nämlich, was angesichts des Möglichkeitseffekts wahrscheinlich ist. Auch das ist das risikofreudige Verhalten eines Gauners, der über alles bestimmen will. Wenn man schon verliert, kann man auch alles an Ungerechtigkeit auffahren, was geht. Denn wer weiß, vielleicht klappt es ja doch!

Da wir eher dazu neigen, Entscheidungen an Gewinnen als an vermeintlichen Verlusten festzumachen, ist es weitaus besser, die Beziehung retten zu wollen, auch wenn man mit dem Stand der Dinge allgemein unzufrieden ist.

Andererseits kann angesichts einer bevorstehenden Niederlage die Hoffnung, einen Riesengewinn zu erzielen, trotz der geringen Aussicht auf Erfolg die Risikofreude entfachen und den egoistischen Gauner in einem erwecken. Man nimmt den Partner mit völlig überzogenen Zielen in die Zange, die er zu erfüllen hat, während die Sanktionen für den Fall, dass etwas schiefgeht, immer härter werden – denn dann heißt es Scheidung. Jedes Mal, wenn Leo eine Erwartung nicht erfüllen kann, droht Sascha, sich scheiden zu lassen, um beim nächsten Mal seinen*ihren Willen erneut durchsetzen zu können. Klingt das nicht irgendwie wie aus »Szenen einer Ehe«?

Abschließend werden wir von Kahneman daran erinnert, dass *RISIKOFREUDE und GAUNER (a)* ernsthaft dort zu finden sind, wo etwas schiefgeht und wo die schlimmsten Entscheidungen als Reaktion auf bereits miserable Chancen getroffen werden:

> »In der oberen rechten Zelle ereignen sich viel unerfreuliche Situationen. Hier entscheiden sich Menschen, die mit sehr negativen Optionen konfrontiert sind, für wenig aussichtsreiche Wetten, wobei sie für eine geringe Hoffnung, einen großen Verlust zu vermeiden, eine hohe Wahrscheinlichkeit in Kauf nehmen, alles noch schlimmer zu machen. Eine solche Risikobereitschaft macht aus beherrschbaren Misserfolgen Katastrophen.«[17]

Ich persönlich kann diese These im Rückblick auf einige verflossene Beziehungen und eine geschiedene Ehe nur unterschreiben. Genau deshalb gehören sie ja der Vergangenheit an und nicht der Gegenwart.

Um sich vom *What-about-me*-Denken zu befreien, muss man sowohl die Dynamik als auch die Vorteile von Vertrauen verstehen und schätzen, und noch wichtiger: was wir allen Beteiligten an Positivem bringen können, wenn wir uns für Zusammenarbeit entscheiden.

-08-

Hund, Hamster und Hirschjagd

Wenn man der Versuchung widerstehen und nicht in die *What-about-me*-Falle tappen will, heißt es zunächst, mit einer Lebensvision ins Gericht zu gehen, bei der es ständig nur um Wettbewerb geht und das *What-about-me*-Spiel gespielt wird. Im Gegensatz dazu sollte das Leben auf Zusammenarbeit beruhen, weil wir letzten Endes durch Zusammenarbeit mehr gewinnen, als wir hätten erreichen können, wenn wir völlig auf uns allein gestellt handeln würden. Zusammenarbeit ist eine schwierige Übung, die Disziplin erfordert, aber letztendlich zahlt sie sich für alle Beteiligten aus – vorausgesetzt, wir *vertrauen* einander.

8.1 Hund und Hamster

Leo und Sascha haben einen Hund – Bandit. Der muss hin und wieder Gassi geführt werden, denn Hunde müssen von Zeit zu Zeit eben ihr Geschäft erledigen. Diese routinemäßige Aufgabe hat Sascha übernommen. So sehr Sascha die Spaziergänge mit Bandit draußen in der Natur und mit Kaffee im Thermosbecher tatsächlich genießt, gibt es eine Sache bei diesem sonst so wunderbaren, liebenswerten Tier, die Sascha weniger mag: Das sind die Hinterlassenschaften des Vierbeiners und die Frage: liegen lassen oder aufheben? Wenn alle anderen ihre Häufchen liegen lassen, warum sollte ich es ihnen dann nicht gleichtun? Und wenn alle anderen sich fürs Aufheben entscheiden, wie steht es dann um mich? Ist es denn nicht egal, wenn ich sie liegen lasse? Ist doch nur das Häufchen eines einzelnen Hundes, und außerdem heben die anderen ihre Häufchen ja auf!

Um dieses Thema systematisch anzugehen, lohnt es sich, erneut die Spieltheorie ins Feld zu führen. Das Dilemma der Hundebesitzer besteht in der Wahl zwischen folgenden Handlungen: *(a) »Aufheben«* oder *(b) »Liegen lassen«*. Wie jeder vernünftige Mensch weiß, zieht jeder vernünftige Mensch *(b)* gegenüber *(a)* vor, *unter sonst gleichen Bedingungen*. Zur Veranschaulichung von Saschas Zwickmühle wird ein Modell konstruiert, bei dem die Zahl neben der Handlung den subjektiven Wert darstellt, den die Handlung für den Hundebesitzer *im Verhältnis* zur vorhandenen Alternative hat.

Sascha	„Aufheben"	1
	„Liegen lassen"	2

Sascha zieht »Liegen lassen« der Alternative »Aufheben« vor. Allerdings ist Sascha nicht der*die einzige Gassigänger*in und Bandit nicht die einzige Fellnase in der Nachbarschaft. Es gibt andere Hundebesitzer, die ihre eigenen Hunde haben: King, Rollo, Eddy, Daisy und Dulle, und sie alle müssen ebenfalls ihr Häufchen machen. Interessant wird es daher, zu untersuchen, wie Sascha die *möglichen Konsequenzen* einschätzt, die sich ergeben, wenn man Saschas Handlungen mit denen anderer Hundebesitzer kombiniert, denn dann entsteht ein etwas komplexerer sozialer Kontext:

		Anderer Hundebesitzer	
		„Aufheben"	„Liegen lassen"
Sascha	„Aufheben"	1, 1	-1, 2
	„Liegen lassen"	2, -1	0, 0

Diese Spielmatrix kann veranschaulichen, wie die individuellen Entscheidungen der Hundebesitzer in Kombination das Endergebnis bestimmen – und in diesem Fall auf sowohl tragische als auch ironische Weise.

Das Spiel wird so arrangiert, dass jeder der beiden Hundebesitzer das Ergebnis bevorzugt, bei dem sich beide für »Aufheben« entscheiden (von beiden mit einem Wert von 1 bewertet), im Vergleich zu dem Ergebnis, bei dem beide »Liegen lassen« wählen (von beiden mit einem Wert von 0 bewertet). Dies spiegelt die Tatsache wider, dass Hundebesitzer wie alle anderen vernünftigen Menschen saubere Gehwege bevorzugen, statt ständig in Tretminen zu latschen. Aber wie passt das zusammen mit der Tatsache, dass die Gehwege in aller Regel übersät sind mit den Hinterlassenschaften scheinbar aller Hunde dieser Welt?

Die Antwort findet man, indem man analysiert, wie die Wünsche und Handlungen der Hundebesitzer interagieren. Nehmen wir also zunächst einmal an, dass die Handlung des anderen Hundebesitzers stellvertretend für die Entscheidungen aller anderen Hundebesitzer der Nachbarschaft steht, mit Ausnahme von Sascha. Denken Sie sich als Nächstes die Situation, in der *alle* anderen Hundebesitzer sich für »Aufheben« entscheiden. Was macht Sascha jetzt vernünftigerweise in dieser Situation?

Sascha steht vor der Wahl zwischen »Aufheben« und »Liegen lassen«. Der andere Hundebesitzer (sprich: alle anderen Hundebesitzer) haben sich für »Aufheben« entschieden. Das bedeutet, dass sich Sascha allein auf die erste Spalte des Spiels konzentrieren und die Handlung auswählen kann, die mit der besten Bewertung verknüpft ist. Somit ist die Wahl reell gesehen identisch mit der ersten einfachen Spielmatrix, in der man sich daran erinnert, dass jeder vernünftige Mensch es *bei ansonsten gleichen Bedingungen* vorzieht und sich daher für »Liegen lassen« entscheidet.

Wenn alle anderen sich dafür entscheiden, die Häufchen ihrer Hunde »aufzuheben«, dann zieht der einzelne Hundebesitzer »Liegen lassen« vor, was unter einem gewissen Blickwinkel durchaus vernünftig erscheinen mag. Denn in der großen Exkrementrechnung bedeutet der Einzelne nichts: Eine vereinzelte Hinterlassenschaft raubt einem noch nicht die Möglichkeit, relativ unbeschwert die Straße entlangzugehen, und außerdem bleibt einem die vergleichsweise unangenehme Aufgabe erspart, die »heiße Kartoffel« aufzuheben. Ergo: Wenn ein vernünftiger – sprich *rationaler* – Hundebesitzer erwartet, dass alle ihre Häufchen aufheben, dann zieht der Einzelne, bei ansonsten gleichen Bedingungen, »Liegen lassen« vor.

Kommen wir nun zur Situation, in der sich alle anderen Hundebesitzer für »Liegen lassen« entscheiden. Die Spielmatrix zeigt erneut, dass der einzelne Hundebesitzer nach wie vor die Handlungsoption »Liegen lassen« bevorzugt. Mit anderen Worten: Wenn alle anderen Hundebesitzer sich für »Liegen lassen« entscheiden, würde sich nur ein Verrückter für »Aufheben« entscheiden. Da Sascha aber davon ausgeht, dass alle anderen aufheben werden, lässt er*sie lieber liegen. Das Problem ist jedoch, dass alle im selben gordischen Knoten feststecken – aus ihrer eigenen Perspektive sind alle Sascha.

Letzten Endes zeigen diese Betrachtungen eine sowohl tragische als auch ironische Finesse: Unabhängig davon, was alle anderen Hundebesitzer tun – »aufheben« oder »liegen lassen« –, zieht es der einzelne Hundebesitzer vor, »liegen zu lassen«. Tragisch-ironisch, da dies zu einem Ergebnis führt, das *alle* Hundebesitzer weniger zufriedenstellend als das Ergebnis finden, bei dem sich *alle* für »Aufheben« entscheiden. Die Antwort auf die Frage, warum sich die Gehwege in diesem fäkalen Zustand befinden, obwohl alle – sogar die Hundebesitzer – sie gerne sauber haben möchten, ist also in der Art und Weise zu suchen, wie unsere Handlungen interagieren können, wenn eine Situation komplex ist. Natürlich wäre es hilfreich, wenn all jene, die zwar keinen Hund haben, aber auch lieber auf kotfreien Wegen wandeln, ebenfalls ihren Beitrag leisten würden. Aber ich habe noch keinen Menschen getroffen – ob Hundebesitzer oder nicht –, der mit einer kleinen schwarzen Plastiktüte und einer Minischaufel herumläuft und ziellos Hundekot aufsammelt.

Ein anderes Beispiel dafür, was mangelndes Vertrauen und *What-about-me*-Denken anrichten können, ist in den ersten Stadien der COVID-19-Pandemie zu finden. Während die Welt im Frühjahr 2020 geschlossen wurde, warnten Politiker, Gesetzgeber und Regierungen die Bürger davor, Lebensmittel wie Hefe, Weizen, Konserven,

Babynahrung oder Toilettenpapier zu horten. Dies könne nämlich zu leeren Regalen in den Supermärkten führen, und eine größere (globale) Versorgungskrise schien eine reale Möglichkeit zu sein. Gleichzeitig wäre es ein gesundheitliches Risiko, wenn viele Menschen in einer Warteschlange stünden und sich das Virus so in alle Himmelsrichtungen weiter ausbreiten könnte.

Wenn aber jeder nur nach dem *What-about-me-ism* lebt, scheint das Hamstern plötzlich gar keine so schlechte Idee mehr zu sein:

- ***Wenn alle anderen normal einkaufen, wäre es für mich von Vorteil, zu hamstern, denn auf diese Weise kann ich mir das sichern, was ich brauche.***
- ***Wenn alle anderen hamstern, muss ich ebenfalls Hamster spielen, sonst muss ich mich ganz hinten anstellen und es besteht die Gefahr, dass ich nichts mehr abkriege.***
- ***Also egal, ob andere sich fürs Hamstern entscheiden oder nicht, hamstere ich auf jeden Fall – denn das ist für mich das Beste!***

So denkt der Einzelne, so denken alle, wenn sie dabei sind, in die *What-about-me*-Falle zu tappen, und dann ist eine größere Versorgungskrise wieder eine reelle Möglichkeit. Selbst als die Behörden uns aufforderten, ruhig Blut zu bewahren, war das nicht wirklich ein Anreiz, das Hamstern sein zu lassen, da die Alternative weitaus schlimmer erschien.

Auch Sascha stand wie wir alle während des Corona-Lockdowns vor diesem Dilemma. Auf seiner*ihrer Morgenrunde mit Bandit hinunter zum Laden, um Toilettenpapier zu kaufen, konnte Sascha einerseits über das Dilemma »Aufheben« oder »Liegen lassen« philosophieren und andererseits darüber nachdenken, wie viel Toilettenpapier gehamstert werden müsse:

		Andere	
		Normales Einkaufsverhalten	**Hamstern**
Sascha	**Normales Einkaufsverhalten**	3, 3	-2, 6
	Hamstern	6, -2	1, 1

Wenn Sascha hamstert, während andere wie gewohnt einkaufen, erzielt Sascha einen Gewinn von 6, während sich die anderen mit –2 begnügen müssen. Toilettenpapiervorräte für zwei Wochen für Leo und Sascha bedeuten, dass es alle anderen letztendlich wie die Hunde machen müssen. Wenn alle wie gewohnt einkaufen und Sascha sich dem ebenfalls anschließt, erzielen alle ein Ergebnis von 3. Wenn jedoch Sascha und der Rest hamstern, geschieht dies unter Stress und mit dicht gedrängtem Anstehen. Dies bedeutet erhöhte Ansteckungsgefahr, weshalb allen insgesamt 2 Werteinheiten abgezogen werden: 1 für Sascha, 1 für alle anderen.

Wenn wir immer versuchen, die beste Entscheidung auf der Grundlage des Verhaltens der anderen zu treffen, dann gibt es auch hier nur einen Nash-Gleichgewichtszustand mit reinen Strategien, in dem alle Parteien optimal auf die Entscheidungen der anderen reagieren. Hamstern und dabei die Hinterlassenschaften seines Hundes liegen lassen sind die besten gegenseitigen Reaktionen auf das Verhalten der anderen. Das wäre das vernünftigste Verhalten, selbst wenn sich alle einig sind, dass sie Hundekot auf Straßen und Plätzen nicht mögen und nicht gerne auf Toilettenpapier verzichten.

Man stelle sich zwei Komplizen vor, die zusammen gefasst wurden und nun gemeinsam auf der Polizeiwache sitzen. Sie haben folgende Optionen:

1. Sie können sich gegenseitig beschuldigen und bekommen jeweils 5 Jahre Gefängnis;
2. Einer kann den anderen beschuldigen und kommt selbst frei, während der andere, der den Mund hält, 10 Jahre Gefängnis bekommt (die Rollen sind hier natürlich beliebig vertauschbar);
3. Und schließlich können beide schweigen und bekommen dafür jeweils zwei Jahre Gefängnis.

Da die beiden festgenommenen Komplizen einander nicht vertrauen, ist es für jeden von ihnen am vernünftigsten, den anderen zu verraten, um selbst straffrei auszugehen, unabhängig davon, wie sich der andere entscheidet. Allerdings wäre es für *beide* noch besser, wenn sie einander vertrauen und nichts sagen würden – dann würden sie jeweils zwei Jahre Haft bekommen.

Kriminelle können in eine Situation geraten, in der sie höhere Strafen bekommen, als sie bekommen hätten, wenn sie sich dafür entschieden hätten, einander zu vertrauen und zusammenzuarbeiten, indem sie schweigen. So könnte die Polizei am Ende trotzdem gewinnen, selbst wenn die Gefangenen nur auf ihren eigenen Vorteil aus sind. Handlungen wie Hamsterkäufe und das Liegenlassen von Hundehaufen sind nur Beispiele für Variationen dieses bekannten Spiels, das als »Gefangenendilemma« bezeichnet wird und gut erforscht ist.

		Sascha	
		Sich beugen	Willen bekommen
Leo	Sich beugen	3, 3	-2, 6
	Willen bekommen	6, -2	1, 1

Wenn sie nicht sehr aufpassen, können Leo und Sascha aus genau dem gleichen Grund Gefangene in ihrer eigenen Beziehung werden:

- Wenn Leo bereit ist, sich zu beugen, ist es das Beste für Sascha, einfach nur Druck auszuüben.
- Wenn Leo jedoch darauf beharrt, seinen*ihren Willen durchzusetzen, ist der beste Gegenzug für Sascha, dem in gleicher Weise zu begegnen (also weiter Druck auszuüben).
- Egal, ob Leo sich beugt oder selbst den Kampf aufnimmt, besteht der beste Gegenzug für Sascha darin, dafür zu kämpfen, seinen*ihren Willen durchzusetzen.

Wenn wir versuchen, den Eigennutzen für uns zu maximieren, kann das Ergebnis für *alle* von uns weniger optimal ausfallen, als wenn wir uns stattdessen für Zusammenarbeit entschieden hätten. Das ist das Problem: Bei *What-about-me-ism* geht es überraschenderweise nicht nur um *mich*. Aber was wäre, wenn es nicht darum ginge, den Eigennutzen zu maximieren?

8.2 Hirschjagd – gemeinsam

Zusammenarbeit kann etwas erreichen, was individueller Wettbewerb nicht immer kann. In der Hundekot-Matrix haben Sascha und andere Hundebesitzer trotz allem einen Nutzen vom Aufheben (1, 1), nämlich saubere Gehwege und Parks, obwohl auf individueller Ebene das »Liegenlassen« dem »Aufheben« eindeutig vorzuziehen wäre. Dementsprechend haben Sascha und andere Bürger etwas davon, wenn nicht gehamstert wird (3, 3); und Leo und Sascha profitieren ebenfalls davon, in ihrer Paarbeziehung von Zeit zu Zeit nachzugeben. Allerdings unter der Voraussetzung, dass sie sich für Zusammenarbeit entscheiden. Und das ist eine andere Geschichte – und ein anderes Spiel.

Die Geschichte und das Spiel heißen *Hirschjagd*. Die Geschichte stammt vom französischen Philosophen Jean-Jacques Rousseau (1712–1778): Hierbei handelt es sich um die Geschichte von zwei Jägern, die jeder für sich entscheiden müssen, ob sie Hase oder Hirsch jagen wollen, ohne zu wissen, wofür sich der andere entscheidet. Sie wissen aber beide, dass der Hirsch nicht ohne die Hilfe des anderen erlegt werden kann. Alleine dem Hasen nachzusetzen, ist weniger mühsam, auch weniger zeitaufwändig, dafür ist an einem Hasen weniger dran. Minimales Risiko, minimaler Aufwand und überschaubare Anstrengung bei vollständiger Kontrolle und Selbstbestimmung ergeben einen kleinen individuellen Gewinn. Rousseau stellt klar, dass die beiden Jäger jeder für sich mehr erreichen können, wenn sie sich zusammentun, um das anspruchsvollere und lohnendere Ziel, das Erlegen eines großen Hirsches, zu verfolgen. Der Preis, den jeder zahlt, ist das Aufgeben von etwas individueller Autonomie, damit die Zusammenarbeit in Gange kommt. Aber es zahlt sich aus, weil das, was sie gemeinsam an Stärke aufbieten können, größer ist als das, was sie jeder einzeln haben. Der Unterschied zwischen dem Gefangenendilemma und der Hirschjagd besteht darin, dass das Gefangenendilemma nur *ein* Nash-Gleichgewicht bietet, in dem beide Parteien unter allen Umständen »liegen lassen«, »hamstern«, »beschuldigen« oder »ihren Willen bekommen«. Bei der Hirschjagd hingegen gibt es zwei Nash-Gleichgewichtszustände mit reinen Strategien, bei denen man das Beste herausholt, je nachdem, was der andere tut: einen, bei dem beide kooperieren, und einen, bei dem sie nicht kooperieren.

Zurück zu Sascha während des Corona-Lockdowns. Im Gegensatz zum Dilemma der Gefangenen ist die Hirschjagd ein Spiel, das Zusammenarbeit ermöglicht. Sascha & Co. können nach dem großen Gewinn (in Form des Hirsches) trachten, indem sie kooperieren und einfach besorgen, was benötigt wird, indem sie ganz normal einkaufen ohne die Gefahr des Anstehens und der Ansteckung. Oder Sascha & Co. können den kleineren Gewinn ins Visier nehmen, indem sie sich individuell diverse Beute (siehe Hasen) im Sturmlauf auf Supermärkte, Kioske und Tankstellen sichern und dort so große Mengen wie möglich kaufen und möglichst viele Menschen anstecken. Die Hirschjagd-Matrix sieht folgendermaßen aus:

		Andere	
		Normales Einkaufsverhalten	**Hamstern**
Sascha	**Normales Einkaufsverhalten**	3, 3	-2, 2
	Hamstern	2, -2	1, 1

Wenn Sascha hamstert, während andere sich wie üblich verhalten, ergibt das für Sascha den Wert 2 und −2 für alle anderen, die keinen Anteil an Supermarktwaren erhalten. Andererseits, wenn andere einkaufen wie immer, bekommt jeder ruhig und gesittet, was er braucht, 3 für jeden; und wenn alle loshamstern, bekommen sie ein bisschen, 1 für dich, 1 für mich, allerdings unter stressigen und potenziell gefährlichen Umständen. Die beiden letztgenannten Szenarien sind die beiden Nash-Gleichgewichtszustände mit reinen Strategien. Die rationale Reaktion hängt nicht davon ab, was die andere Partei tut, einfach drauflos und hamstern, was das Zeug hält.

Die Hirschjagd hingegen ist ein Spiel, das Raum für Koordination bietet, wobei es für alle am besten ist, wenn sie dasselbe tun. Die Hirschjagd hat zwei rationale oder vernünftige Ausgänge: Wenn alle hamstern, tut man es auch, und wenn andere nicht hamstern, hat man auch keinen Anreiz, dies zu tun. Wenn alle das Gleiche tun, gibt es keinen Anreiz, auszuscheren (weil man nicht mehr herausholen kann), sodass das Gesamtverhalten letzten Endes stabil ist. Und der größte Gewinn, den jeder von uns tatsächlich erreichen kann, besteht darin, eben nicht zu hamstern. Warum bei der Hirschjagd nicht danach vorgehen? Weil das Vertrauen erfordert, und darauf hat ein *What-about-me*-Spieler nicht sonderlich Lust.

8.3 Vertraue mir!

Wie vieles in der Welt wird das eine Frage des *Vertrauens*. Vertrauen darin, dass die Hirschjagd genauso stattfinden kann, wie es für alle am vorteilhaftesten ist. Wenn Sascha der felsenfesten Überzeugung ist, dass man seinen Mitmenschen nicht trauen kann, und deshalb grundsätzlich davon ausgeht, dass alle anderen wie wild nach Toilettenpapier, Zahnpasta und Sozialleistungen jagen, heißt es sofort handeln. Es könnte natürlich sein, dass Sascha die anderen falsch einschätzt, aber das Nachsehen kann man trotzdem haben.

Eine solche Situation kann entstehen, wenn die Vorstellungen über andere in Form von *pluralistischer Ignoranz* verzerrt sind: Jeder will auf eine bestimmte Weise handeln, glaubt aber gleichzeitig, dass jeder andere anders handeln will. Zu glauben, dass alle hamstern wollen, obwohl eigentlich keiner will, reicht Sascha möglicherweise aus, um in den Hamsterkrieg zu ziehen. Somit wird Hamstern zur sich selbst erfüllenden Prophezeiung. Pluralistische Ignoranz kann auch der Grund sein, warum alle Hundehaufen auf Straße n und Plätzen liegen lassen, man seine Komplizen denunziert oder in seiner Liebesbeziehung immer versucht, das zu bekommen, was man will, weil man irrtümlich glaubt, dass die bessere Hälfte es auch so machen wird.

Wer *What-about-me-ism* praktiziert, für den ist Vertrauen überbewertet und etwas, worauf man sich nicht verlassen darf. Vertrauen macht einen verletzlich und unsicher, und Vertrauen befindet sich somit auf Kollisionskurs sowohl mit dem *What-about-me*-Imperativ als auch mit der egoistischen Menschlichkeitsformel, nach der andere Mittel zur Erreichung der eigenen Ziele sind. Anderen wird gleichsam die Fähigkeit abgesprochen, zu definieren, was für alle das Beste ist; und das säkulare Theodizee-Argument wird als Hebel für das selbstbestimmte Recht benutzt, das Gemeinwohl zu definieren. So ist es eben, damit müsst ihr leben! Das Ergebnis sind endlose *What-about-me*-Spiele, endlose nicht-kooperative Spiele, die hier, dort und überall in einem Abnutzungskrieg enden.

Um dort hinzukommen, wo ich gerne hinmöchte – einem Nash-Gleichgewicht mit reinen Strategien, in dem wir gemeinsam mehr erreichen können als einzeln –, wird Vertrauen gebraucht. Der schottische Philosoph, Ökonom, Bibliothekar und Schriftsteller David Hume (1711–1776) war mit einem geradezu poetischen Gespür ausgestattet, das Unglück, das mangelndes Vertrauen mit sich bringt, vorauszusehen und zu erkennen, wie es den *What-about-me-ism* befördert:

> »Dein Korn ist heute reif, das meinige wird es morgen sein. Es ist für uns beide vorteilhaft, dass ich heute bei dir arbeite und du morgen bei mir. Ich habe keine Neigung zu dir und weiß, dass du ebenso wenig Neigung zu mir hast. Ich strenge mich daher nicht um **deinetwillen an; und würde ich um meinetwillen**, d. h. in Erwartung einer Erwiderung, bei dir arbeiten, so weiß ich, daß ich enttäuscht werden und vergeblich auf deine Dankbarkeit rechnen würde. [sic!] Also lasse ich dich bei deiner Arbeit allein. Und du behandelst mich in gleicher Weise. Nun aber wechselt das Wetter; wir verlieren beide unsere Ernte vermöge des Mangels an gegenseitigem Vertrauen und der Unmöglichkeit, uns einer auf den anderen zu verlassen.«[18]

Man kann sich Leo und Sascha als Stellvertreter für die eigene Beziehung vorstellen, wenn *What-about-me-ism* entweder über einen selbst, den anderen oder gar beide Partner bestimmt. In diesem Fall, und das ist weder in der Theorie noch in der Praxis einfach, muss man danach streben,

- das nicht-kooperative Gefangenendilemma in die kooperative Hirschjagd zu verwandeln.
- Das bedeutet, Einigkeit über das für alle Beste zu erzielen und von Zeit zu Zeit nachzugeben;
- sich gegenseitig in der Überzeugung zu vertrauen, dass man in dieser Beziehung für das gemeinsame Beste zusammensteht, auf das man sich vertrauensvoll geeinigt hat, und dass niemand es besser weiß als genau diese beiden gemeinsam!

So könnte man den größten Gewinn (3,3) erzielen, indem man einander vertraut, indem man kooperiert, ohne ein Feigling oder ein Gauner zu sein. Vom »Willen bekommen« wird danach nicht mehr viel übrig sein, denn es wird sich nicht lohnen. Es stellt sich heraus, dass die Bestimmung der Identität durch die Zugehörigkeit zu einer Gruppe in neu entwickelten spieltheoretischen Modellen für Spieler so viel bedeuten können, dass sie beginnen, eher an »Uns« als an »Mich« zu denken.[19]

Wenn man umgekehrt darauf eingestellt ist, seinen Willen mittels *What-about-me-ism* durchzusetzen, wird man einen geringeren gegenseitigen Gewinn erzielen, 1 für dich und 1 für mich:

		Sascha	
		Sich beugen	***Willen bekommen***
Leo	**Sich beugen**	**3, 3**	-2, 1
	Willen bekommen	2, -2	***1, 1***

Es mag so aussehen, als müsste man sich selbst aufgeben und einfach immer wieder Kompromisse eingehen oder nachgeben, um hier im Leben alles richtig zu machen. *Aber weit gefehlt!* Individuelle Autonomie ist nicht zu verwechseln mit dem pervertierten Egoismus von *What-about-me-ism*. Oft geht es einfach nicht um einen selbst. Es geht um uns!

-09-
Es geht um uns!

Die individuelle Autonomie ist etwas völlig anderes als der pervertierte Egoismus, der in der *What-about-me*-Haltung zum Ausdruck kommt. Autonomie bedeutet Mündigkeit und Selbstbestimmung, qualifizierte Entscheidungsfähigkeit, Rationalität, Vernunft und ausgewogene Überlegungen, Entscheiden und Handeln, wenn es um einen selbst und die Menschen im persönlichen Umfeld geht. Es geht um Vertrauen und Zusammenarbeit, darum, ein selbstständig denkender Mensch unter anderen autonomen Individuen zu sein, die sich zur Hirschjagd zum gemeinsamen Wohl aller und zum Besten der Demokratie versammeln.

9.1 Sozialer Erfolg

Die Zurechtweisung meines Vaters, als ich mich beschwerte, an meinem 12. Geburtstag nicht dazu gekommen zu sein, mein neues ferngesteuertes Auto selbst auszuprobieren, diente mehr als einem Zweck. Ich fragte: *Was ist mit mir?*, worauf mein Vater erwiderte:

> »Ja, was ist mit dir? Es geht hier nicht um dich! Es geht um sie! Du kannst später immer noch mit dem Auto spielen. Und selbst wenn nicht, solltest du dich freuen, dass deine Freunde mit deinem ferngesteuerten Auto so viel Spaß haben. Und wenn wir schon dabei sind – tue dir selbst einen Gefallen: Freue dich an ihrer Freude und denke dir nicht mal, dass du irgendwie zu kurz kommst, nur weil sie mit deinem Auto spielen!«

Abgesehen davon, dass er mich aufforderte, die Situation nicht als ein *What-about-me*-Spiel und einen Wettbewerb zu betrachten und einzusehen, dass es nicht immer nach meinen Vorstellungen gehen konnte, lieferte er auch das Rezept für *sozialen Erfolg*. Die Chancen, dass meine Freunde meine Freunde bleiben, würden schlecht stehen, wenn sie merken würden, dass ich nur darum besorgt war, was ich in ihrer Gegenwart gewinnen würde. Wenn ich nun in der Lage wäre, ihre Freude zu schätzen und zu genießen, indem ich eine aktive Rolle spiele und sie gerne mein ferngesteuertes Auto ausprobieren lasse, ohne ein sie alle steuerndes Kalkül, wäre die Wahrscheinlichkeit, dass sie zu einem anderen Anlass wiederkommen, erheblich größer.

Mein Vater appellierte an mich, meine Prioritäten unter Kontrolle zu bringen. Bei einer Geburtstagsparty werden zwar ein oder mehrere Menschen zusammen gefeiert, aber in Wirklichkeit geht es wenig um einen selbst. Es dreht sich um alle Anwesenden, und die Feier ist dafür da, für genau dieses kollektive Feiererlebnis zu sorgen. Zu meinem 50. Geburtstag, knapp 40 Jahre später, hatte ich diese Lektion gelernt. Bei dieser Feier sollte es um uns *alle* gehen: mit Essen, Cocktails und Tanz für alle und dem Gefühl eines gemeinsamen Festes. Ich hoffe, dass die Gäste auch zu meinem 60. Geburtstag wieder den Weg zu mir finden. Herrscht die *What-about-me*-Haltung vor, endet man normalerweise entweder als risikoscheuer Feigling oder als risikofreudiger Gauner, der in jedem Fall versucht, die sozialen Umstände zu steuern und zu kontrollieren. Andere bekommen früher oder später allerdings genug davon – und dann halten sie dich entweder auf gehörigem Abstand oder bleiben ganz weg.

Aus guten Gründen kennen wir das Schicksal von Leo und Sascha in ihrer Liebesbeziehung nicht, und sei es nur, weil es sich um fiktive Figuren handelt, auf die wir dennoch Bezug nehmen oder in denen wir uns irgendwie wiedererkennen können. Wahrscheinlich werden sie früher oder später das Handtuch werfen, da es an Gemeinwohl mangelt, das von ihnen *gemeinsam* vertrauensvoll definiert wird, und infolgedessen an mangelnder Kooperation. Manchmal kann man *uns glauben machen, dass wir zusammenarbeiten, obwohl wir eigentlich eine Verhandlung führen.* Leo und Sascha verhandeln ständig, anstatt zusammenzuarbeiten, denn das ist das Wesen ihrer Beziehung, wenn sie zu einem Wettkampf um das Durchsetzen des eigenen Willens wird.

Zusammenarbeit und Verhandlung sind nicht dasselbe. Wenn gegenseitig zufriedenstellende Verhandlungen mit einem Ergebnis enden, können die Parteien beginnen, gemeinsam an dem gemeinsam vereinbarten Ziel zu arbeiten. Eine Verhandlung kann die Voraussetzung für eine mögliche Zusammenarbeit sein, ist aber nicht die Zusammenarbeit selbst. Das Leben als *What-about-me*-Spiel zu gestalten, kann oft bedeuten, dass Zusammenarbeit mit

Verhandlungen zwischen Freunden, Familienmitgliedern, Kollegen, Investitionspartnern, der imaginären Beziehung zwischen Leo und Sascha und dem echten Leben verwechselt wird.

9.2 Liebe ist kein Nullsummenspiel

Im Verlauf eines Lebens ist man in eine Vielzahl von amourösen Beziehungen verwickelt. Angenommen, es gibt eine Fifty-fifty-Chance, im Dating-Spiel des Lebens sowohl zu gewinnen als auch zu verlieren. Wenn man zudem annimmt, dass man im Laufe des Lebens eine nicht näher bestimmte Anzahl an Personen datet, gehen der zu erwartende Gewinn und der zu erwartende Verlust gegen null. Warum sollte man sich dann überhaupt die Mühe machen, jemanden zu daten? Das Ergebnis ist ja doch gleichbedeutend mit »gar nicht daten«. Kann man dasselbe gewinnen wie auch verlieren, besagt die Erwartungstheorie, dass sich Verlieren sehr viel schmerzhafter anfühlt als ein entsprechender zu erwartender Gewinn. Eigentlich dürfte es doch gar keinen Grund geben, sich auf ein Dating-Spiel einzulassen, bei dem die Wahrscheinlichkeit zu gewinnen und zu verlieren gleich hoch sind, bei dem aber der zu erwartende Verlust so viel mehr schmerzt als der entsprechende zu erwartende Gewinn.

Sich auf dieses Dating-Spiel einzulassen, macht natürlich nur Sinn, wenn man die eigene Gewinnwahrscheinlichkeit auf über 50 % schätzt. Und wenn man dann eine Person trifft, die auch nur datet, wenn sie meint, eine mehr als 50%ige Erfolgswahrscheinlichkeit zu haben, wird man mit großer Wahrscheinlichkeit die Chance nutzen und es probieren.

Aber wenn wir uns selbst nicht als einen der wenigen glücklichen Gewinner betrachten und stattdessen einem langen Nullsummenspiel mit negativen Erträgen entgegensehen, wie es das Szenario von Leos und Saschas Abnutzungskrieg zeigt, dürfte es doch eigentlich keinen Anreiz geben, sich auf das Dating-Spiel des Lebens einzulassen.

Trotzdem spielen wir es immer wieder, oft weil wir aus Voreingenommenheit an eine höhere Gewinnwahrscheinlichkeit glauben – was es zumindest für eine gewisse Zeit lohnenswert erscheinen lässt. Aber, und das ist ein großes *Aber*, Dating kann etwas zur Folge haben, das wir noch nicht auf der Rechnung hatten: *Liebe*. Und Liebe ist kein Nullsummenspiel. Für zwei Menschen, die sich lieben, übersteigt der gemeinsame Nutzwert den kumulierten Nutzwert, den sie jeweils alleine hätten. Wenn sich ein*e glückliche*r Leo in eine*n glückliche*n Sascha verliebt, sind sie zusammen noch glücklicher – und das ist kein Nullsummenspiel, sondern ein Zustand, in dem beide etwas gewinnen. Das gibt uns die Zuversicht, mit dem Dating-Nullsummenspiel weiterzumachen. Mit etwas Glück finden wir früher oder später den*die Partner*in, der*die zu uns passt. Und in dieser Beziehung können wir die Hirschjagd genießen, die auf Vertrauen und Zusammenarbeit basiert und in der Liebe verwurzelt ist.

Und wo bleibe ich dabei? Nun ja, es geht hier nicht nur um dich! Es geht ums uns.

Eine letzte Sache: Nur weil man nach der Scheidung Zeit mit seinem Vater verbringt, heißt das nicht, dass man seine Mutter nicht liebt. Und nur weil Leo Zeit mit seinem*ihrem Kind aus einer früheren Beziehung verbringt, bedeutet das nicht, dass Leo Sascha weniger liebt. Es sind nur Posten in verschiedenen Rechnungen. Sprechakte wie »Ich erwarte von dir, dass du ...«, »Ich bin enttäuscht, wenn du nicht ...« oder »Ich wünschte, du würdest ...«deuten nur darauf hin, dass man den Bären häuten möchte, bevor er erlegt ist. Unsere bessere Hälfte ist vielleicht nicht in der Lage oder einfach nicht willens, irgendetwas zu erfüllen, was wir auf dem Herzen haben, weil Liebe für sie grundsätzlich kein *What-about-me*-Spiel ist. Die Schauspielerin Julianne Moore traf den Nagel auf den Kopf, als sie einmal in einem Interview sagte: »Jemanden zu lieben bedeutet, ihm die Macht zu geben, einem das Herz zu brechen, aber darauf zu vertrauen, dass er es nicht tut.«

9.3 Verbraucherdemokratie

Einmal kommt ein Masterstudent zur Erstbesprechung seiner Abschlussarbeit in mein Büro. Er nimmt Platz und verkündet, dass er seine Abschlussarbeit gerne auf Mauritius, einer Insel im Indischen Ozean, schreiben will und es sofort losgehen soll. Meine Antwort:

> »Das klingt ja ganz schön, aber mir scheint, als würden Sie zunächst einmal einen Reiseveranstalter brauchen und nicht einen Diplombetreuer. Die Uni hat ja eine Menge zu bieten, aber ein Reisebüro für Studenten, das von Hochschulmitarbeitern, Professoren, Dozenten, Lektoren und sonstigem wissenschaftlichem Personal betrieben wird, gehört nicht dazu. An erster Stelle kommt die Abschlussarbeit und erst an einer fernen zweiten Stelle eine persönlich motivierte Mauritiusreise.«

Der Student betrachtet die Situation aus einer *What-about-me*-Perspektive. Aber die Uni ist nicht dafür da, einen wie auch immer gearteten persönlichen Gewinn zu stimulieren oder zu fördern. Vielmehr ist es ihre Aufgabe, sicherzustellen, dass die Wissenschaft ihren Standards gerecht wird und als Akteur der Zivilgesellschaft wissenschaftliche Erkenntnisse zum Nutzen der Allgemeinheit beisteuert. Dem Studenten mag die Frage erlaubt sein, wie er mit seiner Abschlussarbeit zu diesem Ziel beitragen kann, und wenn eine Reise nach Mauritius Teil der Gleichung ist, stünde dem auch nichts entgegen.

Nehmen wir dagegen meinen Freund Bjarke, der in der Grundschulverwaltung arbeitet. Er wurde in sein Büro gerufen, wo ein Elternpaar auf ihn wartete. Während er sich setzte, fragte Bjarke die Eltern, was er für ihr Kind tun könne und ob mit dem Wohlergehen des Kindes in der Schule oder im schulischen Umfeld etwas nicht in Ordnung sei, worauf die Eltern sofort abwinkten:

> »Nein, ganz und gar nicht, alles ist gut. Wir wollten nur vorbeikommen, um uns zu vergewissern, dass neben dem, was die Kommune bereits für unsere Familie tut, nicht noch mehr getan werden kann. So eine Art 360-Grad-Inspektion, nur um sicherzustellen, dass uns nichts von dem entgeht, was die Gemeinde an Angeboten hat.«

Schon wieder das gleiche *What-about-me*-Spiel, diesmal aber in institutionellem Kontext – vom Bürger zum Verbraucher. Und erneut sei euch gesagt: Es geht hier nicht um euch, es geht um uns, und ihr verpasst nicht unbedingt etwas, schon gar nicht, wenn ansonsten alles gut läuft!

Wir können die Schuld auf Familie, Freunde, Feinde, Kollegen, Arbeitgeber, Big Tech und soziale Plattformen, das politische Klima, die Börse und die anderen Verkehrsteilnehmer schieben: praktisch auf jeden und alles, der oder das unsere Erwartungen angeblich zum Einsturz gebracht hat. Schon sehr bald würden wir einsehen, dass nichts von alldem bestehen könnte, wenn wir nicht alle auch unseren Anteil daran hätten. Wahrscheinlich tragen wir alle ein bisschen *What-about-me-ism* in uns – und damit auch die Verantwortung, es zu zügeln.

Der amerikanische Philosoph und Schriftsteller Ralph Waldo Emerson (1803–1882) sagte einmal: »Weise Menschen verlassen sich auf Ideen und nicht auf Umstände.« Eine zentrale philosophische Idee, an der wir hartnäckig festhalten, ist die Idee von individueller Autonomie, Integrität und Selbstbestimmung. Das ist nicht dasselbe wie psychologischer oder ethischer Egoismus oder ihr pervertiertes Gegenstück der *What-about-me*-Haltung. In Kants Ideenreich ist Autonomie eine besondere Eigenschaft oder Disposition, der zufolge Menschen in einer objektiven moralischen Realität handeln können/müssen, die unter anderem auf dem kategorischen Imperativ und der Mitmenschlichkeitsformel beruht. Mit Emerson im Hinterkopf beruht *What-about-me-ism* nicht auf Ideen, sondern auf *Umständen*, indem:

- ***das Leben von Fall zu Fall als What-about-me-Spiel gestaltet wird (und man damit in ständigem Wettbewerb mit Partnern, Freunden, Familie, Kollegen und so weiter steht);***
- ***der kantianische kategorische Imperativ mit der Mitmenschlichkeitsformel auf den Kopf gestellt wird,***
- ***wonach diese missgestalteten Prinzipien durch pervertierten Egoismus ergänzt werden und***
- ***die Person im sozialen Umfeld zum Opfer von Gaslighting wird, bis sie von der »Richtigkeit« des säkularen Theodizee-Arguments überzeugt ist, in dem der Ausübende von What-about-me-ism diktiert, was für alle das Beste ist, was***

- ***die Berechtigung des Ausübenden impliziert und***
- ***die reaktionäre Reproduktion von dem, was bereits im Voraus reichlich vorhanden ist, weshalb***
- ***der Ausübende entweder zu einem risikoscheuen Feigling oder einem risikofreudigen Gauner wird, der unter allen Umständen***
- ***von moralischer Verantwortung befreit ist, die ausschließlich vom sozialen Umfeld getragen wird.***

Der Preis, der für die mangelnde moralische Verantwortung zu bezahlen ist, ist ein Mangel an Vertrauen, wie es ein anderer Denker der Aufklärung, der in England geborene, aber amerikanische Politologe, Aktivist und Revolutionär Thomas Paine (1737–1809) erklärte: »Einer Versammlung von Menschen, die niemandem gegenüber Verantwortung übernehmen, sollte niemand vertrauen.«[20]

Begriffe wie »Autonomie«, »Integrität« und »Verantwortung« fanden in der Zeit der Aufklärung große Aufmerksamkeit, und zwar aus guten Gründen. Individuelle Autonomie, die Fähigkeit, selbst zu denken und zu reflektieren, während Vor- und Nachteile abgewogen werden, sowie rationale Überlegung, Entscheidung und Handlung, von Mensch zu Mensch, waren (und sind) sehr wichtige Bausteine bei der Verwirklichung der aufkommenden Demokratien in den Vereinigten Staaten und in Europa in der Aufklärungszeit. Demokratie heißt nicht nur, eine Stimme zu haben, in einer robusten Demokratie sollte jeder eine *aufgeklärte* Stimme haben, und das ist etwas ganz anderes.

Demokratie als die beste Art, einen Staat und eine Gesellschaft zu gestalten, zu bevorzugen, ist grundsätzlich ein Standpunkt, eine Haltung oder eine Ansicht. Es macht jedoch nicht alles, was in der betreffenden Demokratie geschieht, zu einem Standpunkt, zu einer Haltung oder zu einer subjektiven Ansicht.

Aus jeder Herrschaftsform ergeben sich zahlreiche Tatsachen. Eine Monarchie ist zum Beispiel durch einen souveränen Herrscher gekennzeichnet, was auch auf andere in heutiger Zeit vorkommende und nicht wünschenswerte Herrschaftsformen wie Tyranneien, Despotien und Imperien zutrifft. Wird dem Herrscher getrotzt, ist dies auch ein Angriff auf die Herrschaftsform. Wer den Tyrannen infrage stellt, riskiert entweder seinen Kopf oder wird für kurze oder lange Zeit aus dem Verkehr gezogen.

Auf der anderen Seite ist eine Demokratie unter anderem durch Gewaltenteilung, ein repräsentatives Parlament, eine Markt- oder Planwirtschaft gekennzeichnet und es werden zahlreiche Institutionen geschaffen, deren Aufgabe darin besteht, die beschlossene demokratische Grundstruktur in ihrer dynamischen Entwicklung zu pflegen, zu regulieren und zu optimieren.

Konkret werden Instanzen geschaffen, die die objektiven Eckpfeiler der demokratischen Ordnung bilden – die Institution des Ombudsmanns, verschiedene Kommissionen, der nationale Rechnungshof und so weiter. Ihre Aufgabe besteht im Allgemeinen darin, die *objektiven* Tatsachen oder Folgen wirtschaftlicher, rechtlicher und sonstiger Unterschiede zu ermitteln, die sich aus der demokratischen Herrschaftsform ergeben. An diese Institutionen werden strenge Forderungen von Unparteilichkeit und oft sogar wissenschaftlicher Redlichkeit gestellt, gerade um zu gewährleisten, dass das Ergebnis der gewählten Herrschaftsform nicht einfach in Frage gestellt, ignoriert oder als Werbekampagnen für verschiedene politische Produkte für immer ad acta gelegt werden kann.

Während man in einer Despotie Leib und Leben riskiert, wenn man die Legitimität des Herrschers anzweifelt, erhält man in einer Demokratie nicht die Todesstrafe, wenn man die Institutionen infrage stellt, die die Grundstruktur der Gesellschaft schützen, regulieren und entwickeln sollen. Glücklicherweise darf man Einwände sowohl politischer Natur als auch hinsichtlich der Qualität der Fakten anbringen, auf die demokratische Institutionen ihr Handeln stützen. Allerdings muss man hierfür bessere Ergebnisse oder objektive Fakten vorweisen können. Unglücklicherweise kostet es nichts, Behauptungen darüber zu äußern, dass Fakten oder die Organe für ihre Klärung lediglich politische Akteure sind oder sich trotz der ihnen zugedachten Unparteilichkeit irren. Denn wenn wir den Respekt vor den Fakten aufgeben, geben wir den Respekt vor der Demokratie auf.

Der bekannte amerikanische Politikwissenschaftler, Ökonom und Schriftsteller Francis Fukuyama weist darauf hin, dass Korruption eine lauernde Gefahr in jeder Zentralverwaltung darstellt, weil der Mensch dazu neigt, sich und die Seinen zu begünstigen.[21] Beim Aufbau eines demokratischen Staates stehen die Bildung von Vertrauen und die Schaffung gesellschaftlicher Institutionen zur Bekämpfung von Korruption auf der Tagesordnung ganz oben. Eine wichtige Voraussetzung ist, zu verstehen, wie Demokratie als soziale Interaktion und Zusammenarbeit funktioniert. Das Koordinationsspiel funktioniert am besten, wenn man die Strategien der anderen Mitspieler gut kennt, denn dann ist es einfacher, im Zusammenspiel mit ihnen zu handeln oder sie möglicherweise aufzuhalten, sollten sie nur darauf abzielen, ihren eigenen Nutzen zu maximieren. Das ist die Lehre aus dem Gefangenendilemma. Jeder Bürger erkennt früher oder später, dass das Ziel der Maximierung des persönlichen Eigennutzens zu demokratisch fragwürdigen Herrschaftsformen und zur Unterdrückung anderer Individuen und Gruppen führen kann. Das gilt für alle Menschen, die unter Autokraten, absoluten Herrschern oder Oligarchen leben, wo nur ein kleiner Teil der Bevölkerung davon profitiert. Auch das erklärt, warum liberale Demokratien oft anderen Herrschaftsformen vorgezogen werden. Durch Zusammenarbeit und Koordination wird der Ertrag für alle höher – und das ist die wesentliche Botschaft, die mit der Hirschjagd einhergeht, bei der der Erfolg nur durch Vertrauen garantiert wird.

Jeder muss ein gewisses Maß an Souveränität an die gesellschaftlichen Institutionen abgeben. Im Gegenzug verpflichten sich die Machthaber, die von der Demokratie festgelegten gemeinsamen Regeln zu respektieren und zu befolgen. Auf diese Weise ist Demokratie die Antwort auf ein komplexes Koordinierungsproblem. Die Fähigkeit, Normen für Vertrauen, Objektivität und Unparteilichkeit zu institutionalisieren, ist ein Eckpfeiler der Demokratie.

Ohne diese Normen ist eine demokratische Koordination unmöglich. Wenn bestimmte Akteure, insbesondere diejenigen, die an der Formulierung der Regeln beteiligt sind – Politiker, Ideengeber, die öffentliche Verwaltung und andere Interessengruppen –, einen leichtfertigen Umgang mit der Wahrheit, eine undurchsichtige Verwaltung und vielleicht sogar Korruption zulassen, käme das dem Aussetzen eines Hechts im Karpfenteich gleich. Machtmissbrauch kann zu systemischem Misstrauen führen, das sich wie Wellen in einem Teich im Gesellschaftssystem ausbreiten kann.

Eine *What-about-me*-Weltanschauung ist daher mit Demokratie in diesem Verständnis unvereinbar. Sie ist jedoch vereinbar mit einer Variante der Demokratie: der *Verbraucherdemokratie*. In der Verbraucherdemokratie wird Politik eine Ware, die vom Bürger bewertet und möglicherweise sogar gekauft werden kann – zum vollen oder reduzierten Preis. Wo Politik regelmäßig bewertet wird, überlebt oder unter Berufung auf das Gemeinwohl als öffentliches Gut verworfen wird, werden materielle Kaufentscheidungen auf dieser Grundlage getroffen. Wenn ich etwas *für mich selbst* kaufe, ist das eine Privatangelegenheit. Wird dieser Umstand jedoch plötzlich zum Maßstab in der politischen Arena, könnte dies die Prinzipien eines öffentlichen Gutes untergraben. Es zählt dann nur, was ich selbst will, doch das muss nicht zwangsläufig zum Besten aller sein. Und wenn jeder so denken und handeln würde, wäre dies zu niemandes Bestem und würde damit die Prinzipien eines öffentlichen Gutes gefährden.

Abzustimmen wird dann zu einem Gang in den Supermarkt, in dem sich Regalmeter um Regalmeter mit politischen Produkten aneinanderreihen, aus denen man nur noch die auswählen muss, die die eigenen Vorlieben widerspiegeln und die für einen selbst ein »öffentliches Gut« darstellen. Ob ein politisches Produkt seinen Weg in den Warenkorb findet – es könnte sogar ein Schnäppchen sein –, hängt davon ab, ob es eine einzige Frage passend beantwortet: *Was ist mit mir?* Die Supermarktkasse wird zur Wahlurne, in die man seinen Stimmzettel steckt oder, besser gesagt, an der man die politische Investition tätigt. Man muss dann nur noch abwarten, ob die Politiker die eigenen Erwartungen erfüllen können – und wenn sie das nicht tun, ist es sowohl politisch als auch moralisch ihre Schuld. Wenn Bürger die Verbraucherdemokratie kaufen, können wir genauso gut aufhören, an Ideen statt an Umstände zu glauben und alles vergessen, was mit Autonomie, Integrität, Verantwortungsbewusstsein, höheren Prinzipien und dem Gemeinwohl zu tun hat.

9.4 Ein Ende in Dur

Es gibt wahrscheinlich keinen Menschen, der freiwillig ein Abo für eine *What-about-me*-Haltung zum Leben abschließt. Und dennoch gibt es viele Momente im Leben, in denen es völlig legitim ist, dass es eben auch um einen selbst, die Gruppe oder die Demokratie geht. Hierzu gehören Fälle offensichtlicher Ungerechtigkeiten, unrechtmäßiger Diskriminierung, willkürlicher Verfolgung, verabscheuungswürdiger Schikane, von Korruption und anderen subversiven Aktivitäten, denen Einzelpersonen, Gruppen, die Gesellschaft und die Demokratie ausgesetzt sind. In solchen Fällen geht es auch um einen selbst, die eigene Zugehörigkeit und die Mitmenschen.

Aber vielleicht ist es noch interessanter, die emotionalen Auswirkungen für den einzelnen *What-about-me*-Ausübenden und das soziale Umfeld im Allgemeinen zu betrachten. Was passiert langfristig, wenn das *What-about-me*-Spiel ständig wiederholt wird? Wer immer wieder *What-about-me-ism* praktiziert, könnte von seinem Umfeld bestraft werden, weil dessen Nutzen geringer ausfällt. In diesem Fall ändert der *What-about-me*-Ausübende möglicherweise seine Spielstrategie, um eine Bestrafung zu vermeiden. Auf diese Weise nimmt der Ausübende ein gewisses Maß an Rücksicht auf das Umfeld und tut etwas »Gutes«, weil dies letztlich ihm selbst zugutekommt. Hier nimmt die *What-about-me*-Haltung die Form des ethischen Egoismus an, und genau dieser Egoismus kann, wie bereits erwähnt, auch für andere von Vorteil sein.

Aber wer *What-about-me-ism* mit purer Leidenschaft praktiziert, sieht alles, was in der Welt vor sich geht, aus dem Blickwinkel der eigenen Interessen. Das bedeutet im Wesentlichen, dass die Person versucht, ihr Umfeld auszunutzen, indem sie die Dinge so darstellt, als wäre das Spiel, das gespielt wird, (potenziell) ein anderes als das, das eigentlich gespielt wird. Wenn ich selbst *What-about-me* spiele, versuche ich, anderen einen geringeren Nutzen einzuräumen, als er ihnen normalerweise zustünde. So kann es dazu kommen, dass ich über die Zeit hinweg unglaublich irrational spiele, weil ich in der Realität letztendlich dafür bestraft werde, wie ein Narr zu spielen. Das sollte für mich also nicht lohnenswert sein. Ich bin schließlich kein *Homo economicus*, der rational versucht, seinen Eigennutzen zu maximieren, sondern auf lange Sicht nur *ein irrationaler Homo idioticus*.

Ein weiterer Grund, warum es ratsam ist, nicht in die *What-about-me*-Falle zu tappen, ist die so genannte hedonistische Tretmühle. Der Nutzen, den man aus dem besten Ergebnis zieht, sinkt im Laufe der Zeit, wenn man ständig und immer wieder das beste Ergebnis erzielt. Es wird zur Gewohnheit und verliert seine Magie. Allein aus diesem Grund ist es nicht unbedingt vernünftig, immer zu versuchen, seinen Willen durchzusetzen. Es fühlt sich besser an, seinen Willen zu bekommen, wenn man ihn nicht immer bekommt. Zudem hängt die eigene Bewertung des Nutzens von der Unsicherheit ab. Mein Gewinn beim Erreichen eines Zuges zum Beispiel wird stark davon beeinflusst, ob ich überpünktlich am Bahnsteig war oder fast zu spät gekommen wäre. Wenn man seinen Zug in letzter Sekunde erwischt hat, erhält man eine riesige emotionale Belohnung (besonders wenn man etwas Wichtiges erreichen muss). Allein wegen der Unsicherheit, ob man es zum Zug schafft. Die eigene Bewertung des Nutzens ist also eng mit dem Risiko verbunden. Für das manipulierte *What-about-me*-Spiel gilt demnach, dass der Nutzwert geringer ausfällt, wenn man weiß, dass der andere immer nachgibt und man kein Risiko eingeht. Der Nachteil der Tyrannei liegt darin, dass man keine Chancen ergreift und das Ergebnis nicht variiert – was langfristig tatsächlich zu einem schlechteren Ergebnis führt. Ein bisschen wie beim Schach, wo es auf lange Sicht langweilig ist, gegen jemanden zu spielen, gegen den man ständig verliert oder meinetwegen immer gewinnt. Beides bringt nur eine geringe Ausbeute.

Es scheint also nicht viel für eine *What-about-me*-Lebenshaltung zu sprechen, und dennoch kann man durchaus dazu verführt werden.

Meine gute Freundin Lise Nørgaard sagte über sich, dass sie in Dur spielt. Wenn alles zu ernst wurde und sich in Moll hüllte, begegnete sie dem mit einem Lachen. Wir Menschen haben alle von Zeit zu Zeit einen Hang zum *What-about-me-ism* – es hat sowohl traurige als auch lächerliche Seiten, was ich mit diesem Werk in Theorie und Praxis zu demonstrieren versucht habe.

Wenn wir letztlich in Dur spielen wollen, sollten wir uns daran erinnern, dass es eine positive Variante gibt, bei der das Erleben des Glücks anderer bedeutet, dass man beginnt, dasselbe von sich selbst zu erwarten. Der Erfolg der anderen kann uns dazu anregen, uns zusammenzunehmen. Anstatt uns darüber zu beklagen, dass die Welt ungerecht ist, weil uns nicht automatisch das Gleiche widerfährt, können wir denken: »Ich strenge mich an, ich lasse mich inspirieren und bin offen für das, was andere zu bieten haben.« So entstehen nicht nur persönliche Erfüllung und Erfolg, sondern auch Kooperation, Gemeinschaft, Vertrauen und das Gefühl der Zugehörigkeit – sowohl für uns selbst als auch für andere. Der soziale Vergleich kann also durchaus gute Seiten haben, die uns motivieren, mehr wie die zu werden, von denen wir glauben, dass sie verstanden haben, wie das Leben auf eine selbstbestimmte, verantwortungsbewusste und vertrauensvolle

Weise gelebt werden sollte. Das ist so weit entfernt vom *What-about-me-ism*, wie es nur sein kann, aber so nah an dem, was wir als Menschen gerne sein möchten.

Danksagung

Es war eine vergnügliche, aufschlussreiche wie auch selbstoffenbarende, selbstkritische Erfahrung, dieses Buch zu schreiben. Sobald meine Finger die Tastatur berührten, flossen die Kapitel wie von selbst aus mir heraus. Ich trage dieses Buch bereits in mir, seit ich zwölf Jahre alt war und mir mein Vater anhand des ferngesteuerten Autos die erste Lektion zu den Abgründen einer *What-about-me-*Lebenseinstellung erteilte.

Dieses Projekt wäre ohne die Hilfe einer sorgfältig ausgewählten Schar von Menschen nicht zustande gekommen. Gute Freunde standen mir beratend zur Seite, von denen nur eine nicht mehr unter uns ist: Lise Nørgaard. Sie konnte zum Schluss nicht mehr gut sehen, also las ich ihr den Entwurf des Buches vor und sie kommentierte munter. Sie sagte zum Beispiel:

> »Ich kenne und kannte im Laufe meines 105-jährigen Lebens viele, die **What-about-me-ism** praktiziert haben. Ein durchweg schäbiges Verhalten.«

Meine Freundin Lise starb am 1. Januar 2023. Aber ein anderer Freund, Bjarke Malmstrøm Jensen, lebt zum

Glück und ist wohlauf. Seine »skurrile Denke« und sein Sinn für Humor förderten viele interessante Beispiele und Betrachtungen zu Tage. Unser gemeinsamer Freund Teit Molter war ebenfalls die ganze Zeit mit messerscharfen Beobachtungen dabei. Außerdem haben Frederik Preisler und Anders Rahbek in vortrefflicher Weise mitgewirkt und -gelacht.

Gregory Wheeler, Professor für Wahrscheinlichkeitstheorie und Philosophie an der Frankfurt School of Finance & Management und ebenfalls ein guter Freund, teilte sein umfangreiches Wissen mit sowohl theoretischen Betrachtungen als auch gut gewählten Beispielen aus Wissenschaft und Privatem mit mir. Ein anderer Professor für Spieltheorie und Philosophie, Kevin Zollman von der Carnegie Mellon University in Pittsburgh, korrigierte mich, wenn ich auf spieltheoretische Abwege geriet. Weitere Korrekturen und Anregungen habe ich auch von Olivier Roy, Professor für Philosophie von der Universität Bayreuth in Deutschland, erhalten. Carsten Topholt, ein ehemaliger Philosophiestudent und jetzt Finanzdirektor des dänischen Fernsehsenders TV 2, hat ebenfalls das Manuskript gelesen und viele wertvolle Beiträge geliefert. Regisseurin Annette K. Olesen hat gleichfalls viele wertvolle Beiträge und Erfahrungen von innerhalb und außerhalb der Welt des Films geliefert. Aus meinem eigenen Stall am Zentrum für Informations- und Bubble-Forschung der Universität Kopenhagen haben Assistenzprofessor Rasmus K. Rendsvig und die Doktoranden Mads Vestergaard und Joachim Wiewiura mit ihren gewohnt schrägen Gedanken auf originelle und intelligente Weise beigetragen.

Ich möchte meiner kompetenten und effizienten Übersetzerin, Ines Grothmann, für ihre sachkundige und nuancierte Übersetzung des Buches danken. Ebenso möchte ich meinem Agenten Dr. Stephan Meyer von der rauchzeichen•agentur in Berlin danken, der den Weg für die deutsche Veröffentlichung geebnet hat. Schließlich möchte ich meiner Redakteurin Sarah Bohatschek und dem Goldegg Verlag einen großen Dank aussprechen für die Veröffentlichung des Buches auf dem deutschsprachigen Markt.

Familienmitglieder haben auch das Ihre beigesteuert. Meine Mutter, Annette Møller, ist ein wahres Füllhorn für *What-about-me*-Beispiele aus dem wahren Leben. Der Stolz meines Lebens, mein Sohn Milton W. Hendricks, hat *What-about-me-ism* aus nächster Nähe erlebt und kann seine Schäbigkeit bezeugen und detailliert und nuanciert darüber berichten. Die Frau meines Lebens, Camilla Mehlsen, stand mir mit ihren *curly brains*, blendenden Ideen und ihrem Sinn für Text, Redaktion und Grafik immer zur Seite. Nicht zuletzt wäre noch mein Vater Elbert W. Hendricks zu erwähnen, ohne den dieses Buch nie zustande gekommen wäre.

Endnoten

1 Eine sehr zu empfehlende allgemeine Einführung in die Spieltheorie und einen darauf aufbauenden Erziehungsratgeber liefern Raeburn, P. & Zollman, K. (2016). The Game Theorist's Guide to Parenting: How the Science of Strategic Thinking Can Help You Deal with the Toughest Negotiators You Know – Your Kids. New York: Scientific American: Farrar, Strauss and Giroux. Weitere nützliche Einführungen in die Spieltheorie und ihre Anwendung sind Bicchieri, C. (2017). Norms in the Wild: How to Diagnose, Measure, and Change Social Norms. New York: Oxford University Press; Karpus, Jurgis & Gold, Natalie (2017). »Team Reasoning: Theory and Evidence«. In Julian Kiverstein (Hrsg.), The Routledge Handbook of Philosophy of the Social Mind. New York, USA: Routledge: 400–417.

2 Personlighedsforstyrrelser [dt. Persönlichkeitsstörungen] (2023). Sundhed.dk, zuletzt eingesehen am 19.01.2023: https://www.sundhed.dk/borger/patienthaandbogen/psyke/sygdomme/oevrige-sygdomme/personlighedsforstyrrelser/

3 Am 10. Dezember 1948 verabschiedete die Vollversammlung der Vereinten Nationen die Allgemeine Erklärung der Menschenrechte. Die Erklärung besteht aus 30 Artikeln über die Grundrechte des Menschen, zuletzt eingesehen am 21.11.2022: https://danmarkshistorien.dk/vis/materiale/fns-menneskerettighedserklaering-10-december-1948

Deutsche Übersetzung, zuletzt eingesehen am 20.05.2025: https://www.ohchr.org/en/human-rights/universal-declaration/translations/german-deutsch?LangID=ger

4 Kant, I. (1999). *Grundlæggelse af sædernes metafysik* Kopenhagen: Hans Reitzels Forlag: 78. (Dänische Übersetzung von: *Grundlegung zur Metaphysik der Sitten.* Übersetzt ins Dänische und mit einer Einführung von Tom Bøgeskov).

Immanuel Kant, Gesammelte Schriften. Hrsg.: Bd. 1–22 Preussische Akademie der Wissenschaften, Bd. 23 Deutsche Akademie der Wissenschaften zu Berlin, ab Bd. 24 Akademie der Wissenschaften zu Göttingen, Berlin 1900ff., AA IV, 421, Faksimile

5 Ibid. 88.

6 Ebd., Anmerkung 3.

7 Bentham, J. (1832). *Constitutional Code.* Oxford: Oxford University Press, 1987: Introduction, §2. Übersetzung der Übersetzerin der Eigenübersetzung des Verfassers.

8 Inwieweit Glück, Wohlstand, Eigennutz oder Eigeninteresse als Begriffe synonym verwendet werden können oder feine Unterschiede aufweisen, ist ein Thema für Regentage, denn im Laufe der Zeit wurde dieses Thema weit und breit diskutiert.

9 von Leibniz, Freiherr von Gottfried Wilhelm. *Theodicy*, zuletzt eingesehen am 10.06.2017: http://www.gutenberg.org/files/17147/17147-h/17147-h.htm

10 Bei einer Fundraising-Veranstaltung in New York am 9. September 2016 während des Präsidentschaftswahlkampfes erklärte Hillary Clinton: »Streng genommen könnte man die Hälfte von Trumps Unterstützern in einen, nennen wir es, Sack voller hoffnungsloser Loser [Eng. deplorables] stecken. Stimmt's? Die Rassisten, Sexisten, Homophoben, Fremdenfeindlichen, Islamophoben usw.«

11 Mankiw, N.G. (2010). »Spreading the Wealth Around: Reflections Inspired by Joe the Plumber«. National Bureau of Economic Research, Working Paper 15846, zuletzt eingesehen am 06.08.2022: https://scholar.harvard.edu/files/mankiw/files/spreading_the_wealth_around.pdfhttp://www.nber.org/papers/w15846.pdf

12 *Das Schweigen der Lämmer* – auf Englisch: *Silence of the Lambs* (1991). Anthony Hopkins: Dr. Hannibal Lecter. IMDb: https://www.imdb.com/title/tt0102926/characters/nm0000164

Eigenübersetzung des Verfassers.

Timecode: 1:06:22 – 1:06:32

13 Moynihan, D.P. (1983). Kolumne, The Washington Post, 18.01.1983. Übersetzung der Übersetzerin der Eigenübersetzung des Verfassers.

14 Cruz, J. (2019). »Humble Trust«. *Philosophical Studies*, 176(4): 933–953.

15 Der bahnbrechende Artikel lautet: Kahneman, D. & Tversky, A. (1979). »Prospect theory: An analysis of decision under risk«. *Econometrica*, 47, 263–291; Tversky, A. & Kahneman, D. (1992). »Advances in prospect theory: Cumulative representation of uncertainty«. *Journal of Risk and Uncertainty*, 5: 297–323; und das später zugänglichere Buch: Kahneman, D. (2011). *Thinking, fast and slow*. London: Allen Lane.

Deutsch: (2012). *Schnelles Denken, langsames Denken*. München: Siedler Verlag.

16 Kahneman, D. & Tversky, A. (1979). »Prospect theory: An analysis of decision under risk«. *Econometrica*, 47: 263–291.

17 Kahneman, D. (2011). *Thinking, fast and slow*. London: Allen Lane. 242.

Deutsch: (2012). *Schnelles Denken, langsames Denken*. München: Siedler Verlag. 582.

18 Hume, D. (1965). *A Treatise of Human Nature*. (Hrsg.) Selby-Bigge: (III.II.v). Oxford: Oxford University Press. Originally published 1739. Eigenübersetzung des Verfassers. Der englische Originaltext ist ausgesprochen poetisch und lautet wie folgt: »Your corn is ripe today; mine will be so tomorrow. 'Tis profitable for us both, that I should labour with you today, and that you should aid me tomorrow. I have no kindness for you, and know you have as little for me. I will not, therefore, take any pains upon your account; and should I labour with you upon my own account, in expectation of a return, I know I should be disappointed, and that I should in vain depend upon your gratitude. Here then I leave you to labour alone; You treat me in the same manner: The seasons change; and both of us lose our harvests for want of mutual confidence and security.«

Deutsche Übersetzung: Hume, D. (1989). *Ein Traktat über die menschliche Natur, Teil II. Rechtssinn und Widerrechtlichkeit.* Hamburg: Felix Meiner Verlag. 268.

19 Gruppenidentitätszugehörigkeiten haben sich in neueren spieltheoretischen Modellen für interaktive Gruppenargumente als entscheidend erwiesen. Siehe zum Beispiel Bacharach, M. (1999). »Interactive team reasoning: A contribution to the theory of co-operation«. *Research in Economics*, Volume 53, Issue 2: 117–147; Gold, N. & Sugden, R. (2007). »Collective intentions and team agency«. *The Journal of Philosophy*, 104: 109–137.

20 Paine, T. (2003). *Common Sense, Rights of Man, and Other Essential Writings of Thomas Paine.* New York: Signet Classics. 245. Übersetzung der Übersetzerin der Eigenübersetzung des Verfassers.

21 Fukuyama, F. (2012). *The Origins of Political Order.* New York: Farrar, Strauss and Giroux.

VINCENT F. HENDRICKS, geboren 1970, ist Professor für formale Philosophie an der Universität Kopenhagen und Direktor des Center for Information and Bubble Studies (CIBS). Er erhielt mehrere Auszeichnungen, darunter den Elite-Forschungspreis des dänischen Ministeriums für Wissenschaft und den Rosenkjær-Preis. Hendricks war zehn Jahre Chefredakteur der Zeitschrift Synthese und ist ein international beachteter Autor, mit Veröffentlichungen in The Washington Post, The Guardian, DIE ZEIT, der BBC und bei TEDx.